文學叢刊之五十五

走過泉城

張　放著

文史哲出版社印行

國立中央圖書館出版品預行編目資料

走過泉城 / 張放著. -- 初版. -- 臺北市 : 文史哲, 民84
面 ; 公分. -- (文學叢刊 ; 55)
ISBN 957-547-959-9(平裝)

857.63　　84007085

文學叢刊 ⑤⑤

走過泉城

著者：張放
出版者：文史哲出版社
登記證字號：行政院新聞局局版臺業字五三三七號
發行人：彭正雄
發行所：文史哲出版社
印刷者：文史哲出版社
台北市羅斯福路一段七十二巷四號
郵撥〇五一二八八一二彭正雄帳戶
電話：三五一一〇二八

實價新台幣二八〇元

中華民國八十四年六月初版

ISBN 957-547-959-9

自序

畫家齊白石年近六旬，曾在畫幅上題詞：「余作畫數十年，未稱己意。從此決心大變，不欲人知；即餓死京華，公等勿憐，乃余或可自問快心時也。」齊老這段敢於否定過去在藝術上的成就，決心努力創新的藝術宣言，可作我們從事藝術之創作者的座右銘。正由於齊白石不驕不怠，虛心謹慎，從少年時在溪岸觀蝦、釣蝦、畫蝦，直畫到八十歲時，才畫出蝦的體態，具有彈性的透明體，以及蝦在水中浮游的動勢。換言之，齊白石的作品確已達到藝術造型的形、質、動的美好境界。

在我學習寫作小說過程中，常見許多器小易盈的文學朋友，寫了幾篇小說，或出版數冊作品，便「頗稱己意」，邀約三五鐵哥兒們，喇叭奏花腔，大吹大擂一番；最可笑的竟也租場地、扯開布條，召開本人作品研討會，彷彿此君的作品已到了「蓋棺論定」的地步，若是國畫大師齊白石地下有知，老頭兒不跳腳罵娘，定會拊掌大笑！

從事任何文藝創作，決不可滿足自己的成績，否則便停滯不前，不進則退。齊白石的「決心大變」，則是創新。不少文學朋友只是追求形式的創新，卻忽視了內容上的創新，那便犯了捨本求末的弊病，這是一個關鍵課題。雖然我也時常看文學評論作品，卻決不受它的束縛與影響。我從不相信一些學院派的評論家的囈語。因為他只生吞活剝了西方文學的皮毛，再回到自己國土出售船來品。而這種船來品既無品質管制，亦不適宜此地的氣候、風俗與傳統，若作參考，必需通過揚棄糟粕的過程才行。

羅曼．羅蘭在年輕時，站在羅馬郊外一座山坡上，仰望夕陽的彩霞滿空，眼前的羅馬城煙籠霧鎖，現出點點燈火，內心激動萬分。剎那間，他似乎發現約翰．克利斯朵夫從地平線浮現出來，「額頭先出土，接著是眼光，克利斯多夫的眼睛。慢慢地，他的身體他都湧現出來了」。羅曼．羅蘭用音樂家貝多芬的眼力，觀察和批判歐洲。他用了二十年時光寫成〈約翰．克利斯朵夫〉。從此可以看出小說人物的塑造是艱巨的勞動，同時作者還應具備結構技巧、偉大氣魄和豐富的文史知識與哲學頭腦。

雖然我寫了四十年小說，但「走兩步退兩步，等於不走」。並非我優柔寡斷，亦不是怠惰散漫，而是我生活底子薄，性情浮躁，知識也不豐富，每當執筆寫小說常有力不從心之感。「作了過河卒子，只有努力向前。」奈何！

收在這本小說集的〈黑蝴蝶〉、〈海若有情〉寫於新店溪畔。而〈內埃村秘史〉、〈斷頭河〉和〈走過泉城〉則是在菲律賓南島寫的，皆為近年作品，也是我比較滿意的作品。如果讀者感到稍嫌粗糙，那是我晚年得子，過份寵愛放縱的緣故。

張放

民國八十四年詩人節

走過泉城　目次

斷頭河

要想做一個詩人，不需要那炫耀自己的瑣屑的意願，不需要那無所事事的幻想的夢，陳腐的情感和華麗的憂鬱；需要的是與當代現實問題的強烈的共鳴。

別林斯基

溪水默默地流淌着。晚空呈瓦藍顏色。星星東一堆，西一坨，看上一會兒讓人眼花撩亂。黃慕白晚間散步的習慣，十年如一日。他走着，沿花蓮溪漫行，汗衫已濕，黏黏糊糊，宛如數十隻數百隻數千隻蜉蝣在脊背蠕動。貝莉颱風快要在臺灣東部登陸，氣溫偏高而且鬱悶。將近四個月未落雨，花蓮溪上游已乾涸了。貪走捷徑的年輕司機開車子把河川冲積扇輾成數百條羊腸路，像麻繩一般。

他停住腳步朝溪水流進太平洋方向眺望，烏雲翻滾，黑唬唬一片。隱約地傳來一陣陣雷鳴。颱風將到的氣候是奇特的，眼前溟濛幽邃的陰雨天，頭頂滿天星，月亮卻在蒼莽的秀姑巒山冒出來，把大地洒下一片耀目的潔輝。這是海島氣候的特徵之一。

他沿河前行，發現一對青年男女仰式向下游，星光下，美麗的畫面實在動人。突然他聽到女人的歡叫聲，他嚇了一跳……

黃慕白初次遇見梅月春，像飲下九十度金門大麯酒，醉了。阿春這個小女人，眼睛比春水晶瑩明亮，健美的胴體像春日奔馳在原野的小鹿，充滿青春活力。他倆結婚時，男四十三，女十九，相差兩輪。

洞房花燭夜。黃慕白鎖好房門，熄燈，上床。月光從窗櫺瀉進屋，照在阿春皙白的腿。他吻阿春，精神緊張亢進，沒等女人脫衣，他像青蛙癱臥在床上。

阿春默聲地下床，走進浴室沖澡，打開檯燈看漫畫書。她是一個質樸純潔的女孩家窮，只唸過幾年書。她的游泳技術好，蛙式蝶式自由式都行，只可惜沒參加運動會比賽。她喝了一杯水，吃了兩片餅乾，她餓了。

睡在床上的丈夫催她上床睡覺：你幹啥不睡？

你還是不行！

都賴你抓的。他覺得十分懊惱，像過去在部隊打靶吃了鴨蛋。

嘻嘻，哈哈……上一次，我沒抓你，你怎麼也不行？

他倆訂婚那日，在花蓮悅賓樓擺了兩桌酒席，歡宴親友。黃慕白心眼兒實在，誰敬他酒，他乾杯。他敬人家酒，也絕不摻茶水。訂婚酒喝過，有人建議老黃帶未婚妻去看電影，奧黛莉赫本的《羅馬假期》，老片子，很有看頭。電影院黑咣咣的，伸手不見五指，正是男歡女愛的好場所。老黃抓緊她的手，像握步槍板機那麼認真，不久覺得手心黏黏糊糊。阿春抽出手，用手帕擦淨汗漬，繼續觀看故事片。老黃趁有三分酒意，壯大膽量，用左手輕輕搭在她的腿上。對方似乎毫無反應。隔了一會兒，當銀幕上的男女主角接吻鏡頭出現，阿春竟然伸出右手，準確地搭在他膨脹的胯間。

他不想看下去了……

走吧？

還沒演完呢。她目不轉睛看電影。

老套，沒啥意思。俺憋得慌。

阿春聽不懂山東方言，憑她的小學教育程度，她猜得出未婚夫對這部西洋影片缺乏興趣。

上哪兒去？

隔壁是旅館，剛才喝多了，我頭有點暈。黃慕白活了四十三年，雖稱不上學者，可是唐詩、宋詞、元曲、明清小説，他瀏覽非常廣博，他確是一位具有真才實學的國文教師。讀聖賢書，所學何事。如今黃慕白竟然説出這種下流話，真乃廉恥道喪，氣節蕩然。事隔多年，每當老黃憶起此事，總感覺面紅耳赤，無地自容。一個為人師表的中年人，帶了一個比他小二十四歲的姑娘進旅館，沒等阿春脱去內褲，老黃憋不住流在她肚臍上。兩人擦淨了身子走出旅館，前後不到十分鐘。旅館的下女瞪着驚異的眼睛送走了他們，心中暗想：這樣的客人稀罕，速戰速決，完全是閃電戰術……

黃慕白趁月亮鑽進一片濃鬱的森林，大地昏暗無光，他以過去當兵時期夜間行軍的經驗，摸回了家門。喝了兩碗綠豆湯。沖了冷水浴，換上睡衣，倒在床上，套上耳機，手握電晶體收音機，北京姑娘輕脆的聲音，又在他的耳邊迴盪了……

臺灣的中央山脈，北起蘇澳，南達鵝鑾鼻，構成臺灣島的屋脊。而東部的花蓮地勢偏低，東臨太平洋，因此收聽臺北、高雄的廣播臺雜音多，不清晰，反而容易收到北京廣播電臺的節目。黃慕白在一次颱風過境的夜晚，因為關心風訊，漏夜收聽廣播，他無意間收到北京的節目。起初有點懼怕，日久天長，他成了海峽對岸的基本聽衆，這實在是預想不到的事。每天晚間，他在入睡以前躺在床上堅持收聽兩小時節目，因此有關大陸的任何動態，他非常清楚，好像他依舊住在故鄉一樣。

為了前妻錫純患精神衰弱症，也為了收聽大陸廣播臺節目，老黃十年如一日，一直自己睡單人竹床。臥房中間置茶几，兩隻小沙發，猶如天上銀河，牛郎靠東牆，織女靠西牆，兩口子相互照顧，卻不睡在一起。錫純去世十年，老黃續娶阿春，床鋪依舊保持原狀。只是阿春床前擺了一隻錄音機，阿春躺在床上，跟着錄音機唱，像貓叫春。

窗外洒起沙沙的兩聲，黃慕白從夢中醒來，關掉枕頭旁的小收音機，聽見阿春在浴室一面沖澡，一面哼流行歌曲。錫純活着的時候，只要老黃躺在床上，看書、聽廣播，或是假寐，她總是保持靜默，唯恐驚擾了丈夫；有時為了避免走路發出聲音，她故意赤足而行。這些生活瑣事，讓黃慕白想起來心酸難受。

為了懷念前妻，他堅持在臥房中間擺設茶几和小沙發。過去，他時常和錫純坐在沙發上促膝談心。窗外飄起沙沙的雨，錫純喝了一口茶，深情地望着丈夫，因為她患了肝癌，不久將撒手西去。她內心真捨不得跟丈夫分手。

假使有一天，我走了，拋下了你，你咋辦？

你走了，我就去出家當和尚。

這是《紅樓夢》裡賈寶玉說的話。錫純說着噗哧的笑了。黃慕白心如刀絞，強忍淚水，發出一聲慘笑。天上星多月不亮，地上坑多路不平。為啥那些壞人活得有滋有味，偏是我們安份守己的人倒楣？黃慕白的牢騷話，比花蓮溪的石子還多；錫純卻無怨無尤，彷彿她活在世上，一切要靠命運的安排，她毫無改變命運的力量。

阿春圍浴巾，哼着歌曲，趿拉着拖鞋走進臥房，就打開檯燈。她那性感而白皙的乳房，肥圓而顫動的臀部，讓他看得意亂情迷。若是阿春生長在有錢人家，多少權貴子弟追求她，她會驕傲得如同一隻展翅的孔雀。可憐阿春家境貧寒，父親早逝，姐妹又多，阿春母親為了貪圖一筆優厚的聘金，才把女兒嫁給黃慕白。

今天晚上，你上哪兒去了？

我去花蓮溪找你，沒找到你，卻碰上我小學的同學。

男的，還是女的？

你猜？阿春半裸着身子倒在床上，伸手熄了檯燈。

男的。

答對了！她模倣電視臺的綜藝節目主持人的腔調。

窗外的雨，嘩嘩下起來。黃慕白輾轉床側，既然睡不著。索性起來去煮麵條，他知道阿春游泳回來，肚子一定飢餓。他走進廚房，切過蔥花、薑花，先用豬油熗鍋，等燒開了水再下麵條。這時阿春像匹小狗聞香而來，幫助拿碗筷，擦桌子，拿辣椒醬。過去錫純在世，廚房的工作從不讓丈夫插手，直等飯菜端上飯桌，她才喚老黃出來進餐。她在病勢垂危，依舊嘮叨不休：將來我離你而去，你咋照顧自己，真讓人不放心。別的可以節省，吃飯不能節省，買一隻土雞，去中藥房買「四物」一起燉湯。平常多作運動，練得身體又壯又好，我才放心。錫純的話，他從未做過，因為一想起來，眼睛便閃映起淚花。

熗鍋麵端上桌，真香。油花的麵碗浮着一只透亮的荷包蛋，像月亮躲在雲絮間。阿春從和他結婚以後就學會了吃辣椒，常辣得兩眼通紅，像舞臺上的孫悟空，逗得老黃直笑。少吃點，將來年紀大了，會鬧眼病。曾國藩若是不吃辣椒，他會多領導湘軍幾年，也許歷史會改寫……阿春吃光了一碗，又舀半碗。她問，老黃，鄭格……藩是誰？

黃慕白早已放下筷子，點上一枝雙喜菸在吸。曾國藩是清末軍事家、政治家，書櫥裡那本《曾文正公全集》就是他的作品。她聽不懂他的話。她只知道鄭成功，小時候她去臺南見過此人的塑像。

老黃憐惜地觀看阿春吃麵。結婚三載，他們之間相互依賴。老夫少妻，也近乎師生的情感。阿春雖然有點頑皮，且有幾分浪漫的野性，可是她非常純潔，從來不說謊話。偶爾撒謊她就臉紅。

你眼睛紅，晚上游泳了？他故意問。

游啦。我的同學向我身上潑水，這個死東西，壞透了。他在河裡親我，想跟我……

……幹那種事……我差一點跟他翻臉……

黃慕白暢快地笑起來。

窗外的雨愈下愈大。剛才收音機播報，貝莉颱風轉向西北偏西，將於明晨在花蓮登陸。反正暑假期間，黃慕白毫無心理負擔。房後的木瓜、絲瓜早已摘掉，幾只盆景也搬進儲藏室。若是再有三個知己一起打牌，那真是最高的精神享受。

趁着阿春洗碗的時間，老黃趕緊服下兩粒人參壯陽丸，以備應戰。錫純在世，任何家務事一手包攬，從不讓他操心，唯有她對房事不感興趣。每到晚上，她穿着破舊衣服，頭髮蓬亂，渾身散發汗臭氣味。時常磨蹭到十二點，等老黃睡熟後，她才洗澡睡覺。老黃有時發牢騷，人家夫妻形影不離，咱倆卻跟天上的牛郎織女一樣，一年也睡不了一兩次。錫純哼而哈之，裝聾作啞。有一晚她熱淚盈眶，掏出了心底的話。我不愛你愛誰？咱們是患難夫妻啊。可是我的身子不行，來一回，不是頭暈，就是噁心，下面灼熱四五天，像害一場病。老黃，看在我是病人的份上，你饒了我吧！……他想起錫純的這句話，十分難過。如今，黃慕白遇上了強敵，他只有甘拜下風了。

颱風將至，風雨潑灑。臥房的竹床竟被他倆壓得卡刺卡刺直響。老黃今晚脫胎換骨，煥發了青春，嘴裡還咕嚕不停：小親親，說真心話，我行不行？阿春像喝下半瓶高粱酒，暈暈糊糊，如醉如痴。行，行，85分……老黃嫌分數少，愈加報復起來。今晚上你沒跟男朋友來……這個吧？……她在昏沉中搖頭，我……黃太太……叫人家知道，我只有……跳海……晚上吞服的藥物發生了效用，使他們的歡情步向了巔峯。

這一瓶人參壯陽丸是林紹臣送他的。老林比他大兩歲。是個大胖子，肚皮如懷孕七月。他上地理課對學生說：「我的肚子為啥大，因為裝滿了中國的山脈河流。」老林脾氣好，學生翹課、看小說，甚至睡覺，他也不聞不問。他對待學生像兒女般疼愛。林紹臣原在山東大學讀書，後來青島撤退，他渡海來臺，過了兩年半工半讀的生活，熬到大學畢業，來花蓮教書。由於愛好文學和酒，又是山東同鄉，他和黃慕白肝膽相照，從沒有隔夜的話。錫純病逝，黃慕白鰥居十載，是靠了這個同鄉的鼓勵活過來的，否則他會蹈海自殺。

林紹臣把他當兄弟一樣看待，為他物色對象，為他解決聘金問題；甚至老林上月到香港參加亞洲地理討論會，他還特地買回兩瓶人參壯陽丸，送給老黃一瓶，另一瓶自己用。這種從中藥材提鍊製成的成藥，是煙台出品，老黃覺得它像貝莉颱風，威力甚強，只是看到「煙台」二字，湧起濃重的鄉愁，不禁悲從中來，嗚咽成聲。這是使阿春感到訝異的事。

在阿春的眼裡，丈夫不僅老，而且是個怪物。逢年過節，炒兩盤菜，燉一隻老母雞，打開一瓶陳年紹興酒，夫妻淺飲小酌，別是一番風味。但是酒過三巡，不知想起一件往事，或談起故鄉年節情景，黃慕白竟會淚洒胸懷，甚而嚎啕大哭！阿春急忙放下筷子，跑去取毛巾，為他拭淚。心內既懼且惱。你哭什麼？想你過去的老婆？老黃默聲搖頭。即使他說出內心的複雜感情，阿春也茫然不解。

上個月，我到廟裡求籤，籤上說我明年懷孕生個兒子。你相信不相信？

唉，他飲盡杯中殘酒，發出一聲苦笑。他日青山埋骨後，白雲無盡是兒孫。馬一浮無兒無女，他的心境多麼曠達、瀟洒。

對於丈夫的答非所問，阿春已經見怪不怪。

老黃對於去世不久的學者馬一浮，非常景仰。馬一浮浙江紹興人，十九歲喪偶，終身未再結婚，亦無兒女。老黃讀過他的作品，他去世的消息，是數年前黃慕白從海外一份刊物發現的。

貝莉颱風過去，老黃換上破舊衣服，清掃庭院的殘枝敗葉，整理吹倒的農作物；

晌午時分，他上街買回水泥、塑料板和瓦片，把廚房和雞棚整修一番，一直等到黃昏，他才沖澡休息。阿春端來一碗剛燉熟的排骨湯，勸他趁熱喝下。你累了一整天，急什麼？別忘記你是四十多歲的人，我還指望你養我呢。老黃，辛苦了，昨天晚上你表現不錯，一級棒。黃慕白羞紅了臉，朝窗外瞅了一眼。阿春，趕快煮飯去吧，我餓了……

……

阿春白了他一眼，罵他假道學。罵得恰到好處。錫純也常罵他假道學。錫純謝世十載，但卻時刻縈繞在黃慕白的腦際。有時，他跟阿春親熱，常會聯想起前妻，他頓時湧起一種罪惡感。過去這裡蓋的茅屋土坯房，房東姓蘇，公路局職員，開封人。兩口子膝下空虛，常靠搓麻將消磨假日。老黃剛結婚時，租了蘇家一間西屋，就是現在的廚房。為了晚間看書備課，受到隔壁搓麻將的吵擾，老黃不知生了多少悶氣。

房東太太四十出頭，胖子，嘴巴和眼睛都厲害。閒來無事，她便走進黃家房間巡視一番。不錯，收拾得非常乾淨。黃太太，你和黃老師是同鄉，從小就認識麼？錫純站起來，把手中摘的韭菜放在窗台上。我跟老黃是在學校認識的。請坐，不必客氣。你準備用韭黃炒肉絲？不，拌餃子餡。胖太太咧開厚嘴唇幽秘地說：多給老公吃韭菜，這東西是壯陽的。錫純那年雖已二十出頭，但是純潔猶如一張白紙，從來沒聽過這種新鮮的詞彙，似懂非懂，支吾以對。胖太太一屁股坐在竹床上，撫摸一下粗布被單問：你倆你兩人為啥分床睡覺，跟當兵的一樣？錫純紅臉低頭微笑。胖太太壓低嗓門問：你倆一晚上日幾回？她搖頭，她聽不懂對方的話。這有啥不好意思說的？我年輕的時候，我家老狐狸一夜日我三次，還嫌不過癮。哼，狗日的如今吃韭菜、吃牛鞭也不行了。一回家就往麻將桌一坐，啥也不幹，狗日的光會摸牌……錫純聽得臉直發燙，也不敢做聲，一直低頭摘韭黃。胖太太燃上一枝雙喜牌香菸，吸了兩口，長嘆了一口氣：離開開封十年了，我日夜想家啊。黃太太，我的家就住在相國寺附近。家裡窮，上不起學，我十七歲嫁給一個鐵路工人，姓趙，床上功夫不行，可真疼我。每隔兩三天，他帶我去下小館吃羊肉蒸餃。

趙先生在哪裡？錫純問。

結婚不到兩年，他就得肝病死了。

肝病。她像被電流撞擊了一下。

唉。恩愛夫妻不到頭。一點也不假。胖房東太太說。

後來呢？

後來認識了老狐狸。初次見面，去聽常香玉的河南戲《鍘美案》。出了戲園子，老狐狸就把我拽到旅館，狗日的好像餓了兩三天的狼，整整日了我一宵。第二天我頭暈眼花，兩個胳臂酸軟得紮不住褲帶，一連幾天撒尿直疼……狗日的一定吃了春藥…………

大嫂！錫純熱淚盈眶，抬起頭喚她。

咋啦，你家黃老師也吃春藥？

我……有……病。錫純開始啜泣起來。

啥病，你說。

肝病。跟趙先生一樣的病。

黃老師知道麼？

她悲哀地搖頭。

不要緊。趕快去看醫生。現在醫藥進步，不像抗戰時期那麼困難。聽我的話，先把病治好，別的都是假的。人吃五穀雜糧沒有不生病的。蘇太太剛邁出門檻，又走回來，低聲囑咐錫純：有困難，告訴我，我不收你的利息。以後少跟你先生行房，傷元氣啊！記住，到了晚上故意穿得邋遢，臉上抹灰，嘴裡嚼大蒜，即使孔先生向你作揖、磕頭，也別解褲帶，別給孔先生日！

我先生姓黃，不姓孔。錫純扶着門框說。

他那張假道學的臉跟孔老夫子一樣。我背地裡總叫他孔先生。蘇太太直腸子，肚裡藏不住秘密，她這麼一鬆口，倒把錫純逗樂了！

黃慕白對房東太太印象壞，他看她走路一拽一拽，像一隻大肥鵝，兩個大孔房顫顫悠悠，老愛在男人眼前轉。最討厭的是她愛開黃腔，每一句話都隱含着淫蕩的意思。老黃總認為她出身不正，唯恐她給錫純帶來不好的影響。若非這間房子距離學校不遠，而且租房子比較困難，否則他一定搬家。為了這件心事，老黃特地去找林紹臣商量，那時林紹臣尚未結婚，住在教員宿舍，室內亂得像狗窩，髒褲頭、臭襪子扔了一地。桌上的香菸缸堆老高。枕頭油漬漬的，觸摸一下手上沾灰。

你該結婚了。紹臣。黃慕白無限感慨地說。

我跟結婚差不多。一個禮拜進一次妓女户。回來，喝一個生雞蛋，補充營養。你看窗台上我攢的雞蛋殼，那就是打炮的紀錄。老黃咯咯直笑。他知道林紹臣喝雞蛋很在行，用大頭針在雞蛋兩端各插一洞，然後吮吸；先吸出蛋白，繼而吸出蛋黃，剩下的蛋殼完整無玼，晒在窗台上的雞蛋殼，少說也有七十個以上。若是他娶了妻子，如今已是三個兒女的父親了。

趕快結婚吧！別等了。

不，等我先把這篇研究論文寫完了再說。

黃慕白苦笑。搖頭。

一坪大的斗室、一床、一書桌。牆角還堆滿破箱子、衣物、書刊，和一捆蒐集有關花蓮溪的研究資料。室內空氣污濁，令人窒息。黃慕白建議到運動場轉悠一下，遇到假日，學校空蕩無人，住在宿舍的幾個教師都回家了。老林的家在山東，只好蹲在宿舍寫論文。他和老黃見面，便扯起有關花蓮溪的研究進度。林紹臣從來花蓮以後，由於長期住在這兒，使他對於當地的花蓮溪有了感情。他向老黃說，最近他正以河口學來研究花蓮溪在河口地段的形成過程，以及在河川徑流、潮汐與波浪作用下河口演變的規律。

我想搬家……黃慕白心不在焉，自說自話。

住在花蓮溪附近，空氣新鮮，農產豐富，儼然世外桃源。老黃，河口學對於花蓮港的建設，航道整治有重要的實踐意義啊。

啥是河口學？

林紹臣忍不住笑了。鬧了半天你連河口學都不懂啊。所謂河口學，就是介於河流學與海洋學之間的一門邊緣科學……

黃慕白打斷了他的話。將自己發愁的事和盤托出。紹臣，近朱者赤，近墨者黑，我擔心時間一久，錫純也成了壞人……

何謂壞人？那姓蘇的娘們說話太葷，你就斷定她是壞人；那我為人師表去逛窯子，豈不成為流氓麼？書呆子，走出書房到外邊見識一下吧，你已經愚了！黃慕白反覆思索這些話，覺得有道理。曹雪芹在《紅樓夢》裡說：世事洞明皆學問，人情練達即文章。如今我只看到現象卻未認清本質，便妄下論斷，這不僅冤枉了人家，同時也誤會了自己患難與共的伴侶。

當年，錫純省吃儉用，瞞着自己的病，積攢了一些錢買下這棟房子。否則如今黃慕白仍過游牧民族生活。蘇先生調職西部，蘇太太以原價轉讓，而且還留下一些家具。

説起來她很講義氣。錫純生前在庭院栽種的兩棵木瓜樹苗，如今每年收獲幾十隻紅瓤無籽木瓜，既甜且香，黃慕白甜在嘴中，苦在心頭，想起那個種樹人，他怎不淚洒胸懷呢？

每次颱風過後，木瓜樹枝折斷，阿春總吵着要砍倒它。她認為丈夫不宜多吃木瓜，吃多了敗腎，影響房事。這是從鄰居婦女聽來的常識。為了此事，老黃罵過她，她也氣得淌眼淚。老黃怎麼捨得砍掉它？那比砍掉他一隻胳臂還讓他心疼難受。

每年暑假，颱風接踵而來，氣候炎熱，百病叢生，錫純就是在悶熱的八月病逝的。過去，黃慕白剛來學校住進教員宿舍，只是一排簡陋泥牆茅屋，中間隔了一片舊麻帶，住了五個男光棍兒。因為林紹臣來得晚，住在中間，黃慕白來得更晚，也被夾在中間。那年黛娜颱風過境，吹翻了茅屋，學校只得建起了一排磚瓦宿舍，這已是十多年前的舊事了。

那時學校附近是一片荒涼野地，不見村落人煙。偶而遇上軍隊野外演習，幾輛吉普車轆轆駛過校區，那些質樸可愛的孩子，從操場或教室蜂擁而出，爭先恐後去看熱鬧。氣得校長面紅耳赤，嘴中不停地罵着：朽木不可雕也。

也許那時黃慕白的行李簡單，東西又少，他將斗室整理得異常雅緻。小床上鋪着雪白被單，棉被疊成豆腐乾形，枕頭旁放一冊明人劉宗周著《人譜》。床邊置一小書桌。迎壁上掛一條幅，那是出自他的手筆，雖不甚工整，卻也拙樸可喜。

杜宇啼殘故國愁，虛名況敢望千秋。男兒若論收場好，不是將軍也斷頭。

右錄弘一法師感時詩稿

丙申仲夏慕白自署

推窗西望，一派海島田野風景。山風吹來陣陣杜鵑啼聲。對面是奇塔山，山上草木蔥籠，白雲如黛，如詩如畫。每值黃昏，黃慕白沏一壺凍頂烏龍茶，吸着香菸，欣賞窗外那一幅山野水墨圖，平添無限生活情趣。

從學校向東沿公路走，約莫一公里便見花蓮溪。沿溪兩岸盡是雜草亂石，荒蕪一片。在朦茫多霧的夏季凌晨，偶而見到溪水中有農婦裸體沐浴，那是十多年前的見聞。自從學校擴建以來，已無人在溪間嬉水。你可不能怪責女人們行為放蕩，她們終日為衣食忙碌奔波，汗流浹背，沐浴是最大的生活享受。況且在這人煙稀少地帶，男人們老實得跟肉包子一樣，誰也不敢去偷窺婦女洗澡。站在花蓮溪岸極目遠眺，在廣袤茫漠的天際盡頭便是浩瀚的太平洋。當年黃慕白在雄鷹部隊當副班長，從高雄外海搭登陸艇，冒着七級強風，搖晃一晝夜，他先吐稠的後吐稀的，最後吐出黃疸混合血汁。船在花蓮搶灘登陸，黃慕白全身戰鬥裝備，肩上扛着一挺馬克沁重機槍，搶先踏上陸地，就射擊位置。那次定名洛陽演習，海空軍協同陸軍登陸戰，兩天兩夜，黃慕白走遍了花蓮溪兩岸，每一棵樹木、橋樑、高坡或低窪地，都讓他背得滾瓜爛熟。最後雄鷹部隊攻佔了銅門，才結束了這次軍事演習。由於黃慕白表現優異，獲得一枚銅質獎牌，他花了一月所得薪餉買了五十斤牛肉，讓全連官兵加菜。結果落了「死要面子活受罪」的評語。但老黃在精神上卻獲得無限的滿足。他怎會料到退伍轉業以後，卻又來到花蓮溪呢？

初來學校，黃慕白最感覺苦惱的一是伙食，二是缺少文學讀物。先談伙食問題，當時住校的男教員五位。孟校長搭半伙，只吃午餐。因為人少，採購油鹽柴米及肉類菜蔬，再調配兩頓飯的菜，確屬難事。福利社老闆為了討得孟校長歡心，午餐做得比較豐富，米飯、冬瓜蝦仁湯、黃豆芽炒肉絲、梅乾菜燉肉，還有一碟豆鼓炒辣椒。可是晚餐的菜卻變了樣，只有一盆白菜燉豆腐，有時連辣椒也沒有。每當孟慶餘來飯廳進午餐時，林紹臣總是提高嗓門，幽默地說：「勢利眼餐會開始了！」四個光棍漢捂嘴直笑。

黃慕白從小喜愛麵食，麵疙瘩、烙餅、饅頭、花捲、麵條、水餃，百吃不厭。可是他不會做。林紹臣也不會做。每當月初領下工資，他總會托福利社阿蕙替他捎回一隻母雞，或是一斤牛肉，薑、蔥和白蘿蔔。洗滌乾淨，放在電鍋內燉。等燉熟時，他和老林再買一瓶廉價的米酒，邊喝邊吃，其樂無窮。剩下的肉汁，再留着下麵條宵夜。每逢林紹臣吃得肚兒圓，他把嘴一抹，意興闌珊地說：吃飽了，喝足了，找個娘們抱一抱去！

也許這所學校位於花蓮溪岸，交通不甚便利，女性教師對此地視為畏途。凡是師範學院分發的女同學，總是想盡任何手段，送禮、托人情，或請地方首長民意代表向教育局施壓，最後改派其他中學。但也有找不到門路，心甘情願來校報到，錫純是唯一的女性教師。她長得不錯，瓜子臉、大眼睛，挺直的鼻樑，身高一五八，不太愛講話。她擔任初二甲級任，教授國文，並兼圖書室管理員。她單身，也無家庭。過去隨東北大學輾轉到達澎湖，經過一段時間，後來插班師範學院國文系，畢業後分派來校。因為學校沒有女教員宿舍，總務處派人在圖書館騰出一角，用木板擋住，作為她的棲身之地。別人很同情她，她卻感到非常滿意。

錫純到校，孟慶餘似乎心神不寧，對她非常冷淡。最顯著的則是錫純參加了伙食團，孟校長立即停伙。中午他帶便當盒，或是囑阿蕙為他炒一盤蛋炒飯，端進校長室。這樣一來，五個光棍漢和錫純一桌。錫純不僅會炒菜，麵食更是拿手，從此三日一頓肉包子，五日一餐炸醬麵，不到一月，林紹臣的肚皮顯著膨脹起來。

過去，圖書室空氣污濁，雜亂無章。原有的一批日據時期遺留的圖書，無人借閱。新進圖書橫七豎八擺在桌架上，根本無人管理。因為職工少，由一位司機兼管。錫純在短暫的兩週內，已把圖書館整理煥然一新。由於她在偽滿時期學過日文，將那些日文圖書也分門別類編寫目錄。黃慕白見她工作辛苦，時常叮囑她：慢慢整理，別累垮了身體！錫純那清澄有神的大眼，朝他眨巴一下，黃慕白醉了。

可是錫純對於全校的教職員，卻像從衛家山重返魯鎮的祥林嫂，成為不吉祥的人物。男的不敢接近她，女的也儘量和她保持距離。隱藏在這些人心底的祕密，整個學校只有兩個人不知道，除了當事人錫純，便是黃慕白。

林紹臣起初不相信錫純是自新份子，等他聽了孟校長的話，着實吃驚。他同情錫純，也暗自為錫純抱屈。原來錫純在轉學之前，也就是從廣州渡海到澎湖，曾以政治犯嫌疑被捕，通過有關機構審訊，她最後承認過去的錯誤。政府基於愛護知識份子的立場，將她釋放。錫純在分發本校以前，孟慶餘校長接到她的資料，非常震驚。他曾再三向縣教育局表示不滿，但卻無法婉拒錫純來校工作。孟校長為了避免和她接近，首先退伙，繼而設法調到其他中學，免得惹火燒身。套用孟校長的話：傷風感冒不算病，即使得了肺病也沒啥關係，有盤尼西林藥針；唯有紅帽子問題跟霍亂病一樣，躲都躲不及啊！

錫純原是一個沉默寡言的女人，可是她和黃慕白在一起，卻口若懸河，沒話找話。有時走在荒僻河川路上，她帶着無限激情，談起東北光復後的灰心和失望。東北人民盼星星、盼月亮，好不容易熬到回了祖國懷抱，卻又打內戰，這怎麼不讓人灰心失望？

遼河的水呀，松花江的浪……

她只唱了一句，便已嗚咽成聲。

花蓮溪的水嘩嘩流淌。海風拂面，頗有秋意。月亮躲進深厚的雲層。他倆走近一棵鳳凰樹，在草叢坐下來。

俄國詩人葉遂寧，為了推翻沙皇流血流汗，貢獻力量，等到十月革命成功，葉遂寧卻自殺了。魯迅不是提起過這件事嗎？他認為葉遂寧的悲劇，是撞死在自己所謳歌希望的現實碑上。錫純說着發出凄苦的笑聲。

世上的事情，並不像詩人想像得那麼美。黃慕白仰起了頭，看那衝出雲層的月亮。所謂花長開、月長圓，人長久，那只是詩人的主觀願望而已。黃慕白握住錫純的手，低聲問：你怎麼提出這種觀點？

錫純嘆了一口氣，似有難言之隱。黃慕白關懷她、體諒她、憐惜她；男女之間的愛情非常微妙，即使不用語言或文字表示，對方也會靈犀相通。那晚走向學校的歸途，他抱緊了她，輕聲在她耳邊說：咱倆的年齡不小了，應該考慮結婚的問題了。

嗯，不小了……她應和着說。

如果你不嫌我沒有積蓄的話，嫁給我吧。他誠懇地說。

可是……我配不上……你。

你不願意？

慕白，我有病。再說，我過去蹲過監獄，不是普通刑事案件，而是政治嫌疑犯……

……你何必為我淌混水呢？

我啥也不在乎，只願意咱倆在一塊兒！

錫純楞了一下。你傻啊！她掙脫他的手，急忙向校門走去……

為了籌辦結婚，林紹臣拿出三百元，又在學校替黃慕白打了個會，湊成一千元。租了蘇家一間克難房子，買了幾件簡單家具，又在房屋旁加蓋一間鐵皮廚房。結婚在花蓮地方法院舉行，當日在會賓樓請客，到了十二個客人，連同新郎新婚共湊成一桌。不用問，孟慶餘為了明哲保身，只送了一百元禮券，藉開會的名義去了臺北。那晚林紹臣、福利社老闆廖明、湯蕙夫婦將新郎新娘送入洞房，結算帳目。湯蕙最後取出從飯館偷來的一雙筷子，向錫純說：快子快子，趕快給黃老師添個胖兒子。錫純快活得掉下了眼淚。

他倆結婚後第三天便到校工作，讓所有教職員都感到驚訝。連孟校長也覺得納悶，為什麼你們不去渡蜜月？難得的婚假呀？黃慕白有點尷尬，他找不到教師代課，同時身上也沒有錢，無法出外旅行。更重要的是錫純體弱多病，時常發生暈車的現象。

錫純從圖書館保存的日文圖書中，為林紹臣找出不少有關臺東縱谷的材料，這對於他研究花蓮溪有些幫助。原來秀姑巒溪是花蓮溪的上游部份，但是由於這兩條河間侵蝕作用不平衡，發生順層河被順向河襲奪的現象，最後才分作了兩條河流，以大富附近作為花蓮溪與秀姑巒溪的分水嶺。林紹臣研究花蓮溪非常專心，他利用假期從事實地調查，日久天長，對於這條河流產生濃厚的感情。花蓮溪流長僅三十一哩，河谷寬濶，沖積扇廣泛，而且河水流量小。每當他滔滔不絕談起花蓮溪，黃慕白總是幽默地說：你愛花蓮溪，可別把黃河忘了啊！林紹臣嚴肅地說：若是再過十年、二十年，我還真會忘記黃河，那也怪不了我。這話聽起來輕鬆，思索起來卻令人心酸沉重。

當初蘇家這間泥坯茅草屋，租給了學校福利社廖明。屋小，兩坪大，而且沒有廚房。每月租金一百五，比花蓮還貴。廖明、阿蕙兩口子開福利社，兼辦伙食，生意紅火，根本不在乎房租多少，圖交通方便。住了不到三個月，房東太太就朝阿蕙翻臉，站在門口，開門見山說亮話：

我說，廖太太，我這間房子想收回來，作佛堂。你下月搬家吧。

搬家，你說我搬到什麼地方去？

咦，你這個娘們真奇怪。腿長在你身上，你想往哪兒搬往哪兒搬。

蘇太太，我是說，找房子比較有困難。等明年我先生買一台小貨車，我們再搬去花蓮住。拜託，幫幫忙吧。

房東太太嘴硬心軟，把頭搭拉下來，囁嚅地說：我也拜託你，幫幫忙。你夜裡嗷嗷叫，日得過癮，你知道吵得別人睡得著覺不？

阿蕙聽不懂河南話。什麼啊啊叫？蘇太太。

問你自己呀，浪婆娘！蘇太太噘着肥圓的屁股走了。

阿蕙莫明其妙，不解其意。她搬家毫無困難，只是找不到適宜的住宅。後來她在距離學校兩公里的瑪里村，買下一棟磚瓦房，搬了家。

黃慕白忙着結婚，他是看到電線桿貼的招租廣告而來。蘇太太聽說他是中學教員，而且新婚搬進新屋，講妥月租一百八十元，押金一千。老黃回校找林紹臣商量，如何籌措這筆押金，最後從廖明那兒借了高利貸，月息三分，拖了將近兩月才還清。

錫純婚後非常幸福，笑容終日掛在臉上。每天傍晚下班回了茅屋，先淘米做飯、燒水泡茶。等晚飯過後，她便忙着修改制服、縫製婦女短裙衣服。每到開學前，繡學號繡臂章忙得團團轉。常熬夜。錫純怕房東生氣，遇上他家打通宵麻將，她才夜晚加班使用縫紉機，否則她只做靜活兒。老黃埋怨她一身是病，何必這麼辛苦，若是拖垮了身體多不划算？錫純反而樂此不疲，自己患神精衰弱，晚上常鬧失眠，給人家縫製衣服不但治病，還可以賺點生活費。老黃說，當教師的替學生縫制服，不太光榮吧？錫純埋首工作，一面反駁他的觀點：為社會人群服務，非常光榮；很多留學生在國外洗盤子、擦地板賺錢，我給學生做針線賺點零花有啥關係？

錫純的縫紉技術是在監獄學會的。過去，她從沒摸過針線，只是一個四體不勤、五穀不分的小知識份子。她在學習縫紉時非常認真，有時手指被扎出血，她用嘴吮出血液，再塗上凡士林油膏，繼續埋頭工作。經過將近一年的政治審查，受盡精神和肉體折磨，後來轉為體力勞動，她獲得了精神上的解脫。她集中思維縫製衣服，進入忘我境界，過去所受到的一切冤屈都抛諸九霄雲外。錫純縫製的衣物成績優異，被選為縫紉組長，還領取監獄頒發的獎狀。不過她出獄以後，為了忘卻這件倒楣的事，把所有的獎狀揉成一團，划了一根火柴燒了。這件事是她的秘史。

在漫長的夏季的夜晚，空氣如同泥坑中的水，紋絲兒不動。不知名的蟲子，躲在牆旮旯唧唧叫得讓人心煩。睡在對面的老孟，打起了輕微的鼾聲。錫純患精神衰弱症也是在監獄中的成果。睡不著，想東想西，烏雲翻滾的年月的往事，猶如銀幕上放映的電影，栩栩如生展現眼前……那時候她不患失眠，一到夜晚，睡得像一堆爛泥，即使捶她幾下也捶不醒。驀地一隻黑手伸進毯子抓了一把，起來！錫純應聲醒來，趕緊穿好衣服，躡着腳步走出寢室。外面是一片水銀世界，島山、大海、遠村、沙灘以及漁船，宛似電影上的景緻。錫純默聲跟着那個輔導員向前走，走在珊瑚沙地上，發出喳喳的脆響。

在茫漠的L形的水泥碼頭的頂端，隱約地有幾個人影，好像正在等候她的到來。果然，錫純走近時，幾個人影頓時消逝在暮色裡。只有一位矮胖的穿便服的青年人，悠閒地坐在石階上。

錫純同學，請坐下談一談。我不耽誤你的時間，只問你一個問題。月光下，錫純發現那人濃眉大眼，操江浙口音，約三十出頭，是一個精明幹練的人。

你問我啥問題？錫純坐下來，面對濛茫幽邃的澎湖海峽。

你參加新民主主義青年團幾年了？誰是介紹人？

這突來的問題，一棍子將錫純打暈過去。她的心噗噗直跳，手在顫抖，她無言以對。

不要緊張，也不用怕，只要你坦白承認，我們是絕對給你安全保障的。這個是……青年人純潔，熱情，很容易受到政治欺騙。這個是……你們從東北跑出來，離鄉背井，設使為了參加新民主主義青年團，誤入歧路，這個是……很可惜呀！嘩啦啦的潮水，沖擊着堤岸，像是沖擊着錫純的心壁，她感覺痛心難受。眼淚不由地奪眶而出。

你後悔了？

是後悔了。她淚汪汪應和着。

為什麼後悔？慢慢說。

我家既非地主，也不是資本家，更不是國民黨馬褂兒；一個窮鐵路工人的女兒，可我跑出來為的啥？這不是神經病麼？錫純激情地說，嘴角發出輕蔑的笑聲。

你講這些話是什麼意思？對方有些不滿。

兵敗如山倒，你們已經垮了。為啥還對我們這些追隨政府的大學生如此刻薄？懷疑這，懷疑那，國民黨到了這步田地，你們應該拿出同胞愛，接納流亡學生，關心我們青年才是。你想一想，今晚上你們把我揪出來審問，對麼？

對。對方斬釘截鐵地說：如果臺灣、澎湖再淪陷的話，咱們只有跳海！

一排湧捲而來的浪潮沖擊堤岸，發出巨大的聲響。錫純的頭髮、面孔與衣衫濺滿了海水。她痛苦地咀嚼那個人所說的話，眼前是浩瀚的海峽，退縮到這座彈丸小島，若想返回東北故鄉，猶如痴人說夢。跳海，人活百年也是死，何苦苟且偷生？驀然間，一個年輕英俊的臉，映現眼前，他帶着無比信心，握緊拳頭對她說：錫純，仰起頭來朝前看。山窮水盡的現象，在革命家的眼光中是永遠不會出現的。錫純想起葉虹說過的話，禁不住嗚咽成聲了……

房東蘇家夫婦半夜吵架，只有患失眠症的錫純知道。起初是低聲埋怨，繼而屌呀屌的罵起來，最後以摔東西、哭泣進入高潮。老黃每晚睡的遲，等他聽倦了大陸節目，關掉電晶體收音機，不久便發出鼾聲，即使隔壁吵翻了天他也酣睡如故。

蘇太太口快心直，心廣體胖，任何家中醜事她也告訴錫純。因為她丈夫近年來對房事淡漠，每次回家常以打麻將消磨良宵；即使勉強應戰，宛如剛換上軍裝的新兵，手握歪把子手槍，吓得渾身發抖，還沒等進入陣地，便舉手投降，這怎不讓她惱火？老蘇，過去你在開封一晚上日三次還嫌不過癮，狗日的你現在咋不行啦？人家年過六十還做新郎，咋你剛到五十就軟啦？蘇太太越說越生氣，眼淚也不禁奪眶而出。

錫純給她倒了一杯茶，不知該用啥話安慰她。她對這方面的經驗非常淺薄。錫純端望着她的發福的肚皮，憋了半晌，才問出一句話：

你倆兒多久來一次？

多久？蘇太太喝了一口茶，眼珠朝上翻眨幾下。平均算起來，狗日的十天才跟我行房。

嘻嘻。錫純脹紅了臉笑了。

笑啥？黃太太，你倆幾天日一回？

上次颱風過境，到現在三個多月了吧。嘻嘻。

可憐哪。黃太太。她仰頭哈哈大笑。你猜過去我為啥把姓廖的那個騷娘們攆走？狗日的半夜叫床，害得我睡不著。我不攆她搬家啥行？黃太太，受不了啊！我正是虎狼之年啊！

這座竹籬茅舍，蘇家轉讓給她是原價五千五，不久，她找來了建築商，勘查了地形，估量出磚瓦木料價格，把蘇家住的兩間房，連接她現住的一間，蓋成三間匚字形狀的磚瓦房：北面是客廳，東邊是書房、臥室，西邊是廚房和儲藏室。由於四週住家少，暫時以木片編作院牆。錫純在後院種了兩棵木瓜樹，還栽了一些番石榴、西紅柿、絲瓜和辣椒，儼然一派農家莊園氣象。

俗語說，勤儉致富。當年錫純省吃儉用，夜以繼日做縫紉活兒賺錢，才蓋起這座磚瓦房子。但過了不到兩年光景，錫純卻溘然長逝。每當黃慕白想起了前妻，他總是心如刀絞，淚流滿面……

從上次貝莉颱風登陸前夕，黃慕白發現阿春跟野男人在花蓮溪一起游泳，他心底便留下一層陰影，每逢晚間沿溪散步，心裡總是酸溜溜不是滋味，像吃下去擱置很久的泡菜。他有時懊悔不應該和阿春結婚，兩人年紀相差二十四歲，無論是興趣、理想，南轅北轍；甚至談話也無共同語言。住在比較寬敞嚴實的磚瓦房裡，僅靠人參壯陽丸維持每月兩回房事，這怎會有生活情趣？

阿春週身充滿了野性的魅力。她的兩隻水靈的眸子，像花蓮溪水一樣明澈清澄。黑眼珠時常映照出男人諂媚的笑臉。只要她扠腰在門前一站，過路的男人都會貪婪地多瞅她兩眼。她的歌喉渾圓悅耳，唱起流行歌曲，實在美妙動聽。但是黃慕白卻討厭聽她唱歌。老林的話很對：若是梅月春生長在有錢人家，你黃慕白想娶她，那是四兩棉花——免彈（談）。

阿春想做生意，已是舊話重提。她想在門口擺小攤賣香煙、水果、檳榔、愛玉冰，啥賺錢賣啥。而且輕鬆愉快。即使她在廚房煮飯，或是坐在客廳看電視節目，只要聽得顧客一吆喝，馬上出去就行。老黃堅決反對。有一天老黃無意間碰見廖明，向他談起此事。廖明鄭重地說：黃老師，您不提這件事，我還不敢張嘴，現在福利社生意忙，我跟阿蕙兩個人實在忙不過來。我想請黃太太幫忙。拜託拜託。黃慕白回家將此事轉告阿春，阿春樂得一蹦老高！行，明天上工。

三百六十行，行行出狀元，每行都有特殊的人材。阿春是做小買賣飲食業人材。她到福利社做店員，講妥不收工資，但卻有自己專賣品，她在家煮茶葉蛋、滷雞鴨翅膀、蒸花捲、做肉包子、蒸饅頭。她叫丈夫在小木板寫八個字：「山東麵包，越吃越香」，不到半月光景，東風壓倒西風，終於打垮了西式麵包。整得福利社廖明乾瞪眼吃醋，他原想向阿春擺明抽點利潤，但卻始終張不開嘴。後來阿春的「山東麵包」的名氣越來越大，附近的外省住户，時常跑來學校福利社購買；逢年過節，不少學生家長訂購花捲、饅頭，有的三十，有的二十，先繳錢，後取貨，阿蕙妒忌的眼睛成了孫悟空，跑到大門貼上一張告示：「學校重地，閒人免進」。

這原是一件芝麻大的事，卻在家長代表會議上引起風波。不少家長的攻擊目標指向「學校重地」四字，認為誇大事實，影響校譽。一住山東老鄉粗里粗氣地說：學校算啥重地？這明擺着唬咱們老百姓麼？孔夫人的教育是有教無類，正大光明的事業啊。我請問孟校長，莫非你學校窩藏小偷、強盜、抽海洛英、賣白麵兒的？孟慶餘唬地站起來，臉紅耳赤駁斥那位家長：如果你惡意攻擊本校，我一定到花蓮地方法院告你！山東老鄉馬上頂回去：如果你不撕掉告示，公開道歉，我代表家長會控告你誘姦婦女，行為不檢！……

孟校長高血壓住進花蓮醫院，謠言傳出：孟慶餘是老色狼，誘姦福利社老闆娘阿蕙，兩人幽會的地點在花蓮溪北岸的野菠蘿叢附近草坪上。有一個晚上，那個山東老鄉路過溪岸，聽得黑暗處有女人呻吟啜泣聲音，他以為有人強姦婦女，隨手摸起一塊鵝卵石頭，尋聲而去。月色朦朧，他在一棵鳳凰樹後瞥見阿蕙坐在地上，孟校長赤裸身子正在穿褲頭……山東人心裡想：這娘們真會叫春，像一隻母貓。

雖然謠言四起，孟慶餘並未採取任何報復行動。他有一天在校園碰見黃慕白，說出自己準備退休的打算，他覺得教育原是清高的工作，想不到外界的干擾，內部的矛盾，讓他感到頭疼心煩。孟校長帶着無限委曲的神情說：那位學生家長紀登魁，是你們山東人，這個是公路局司機。請你暗地替我調查一下，這姓紀的生活情況和社會關係，他是個問題人物呢。孟慶餘從西裝袋內摸出香煙盒，取出一枝煙，用精緻的打火機點上火，貪婪地吸了一口。大陸上有個政治局委員紀登奎，可能跟這傢伙有點關係……黃慕白不住地點頭。不過心裡直笑。由於他堅持晚間偷聽大陸廣播，對於海峽對岸的領導幹部瞭若指掌，以他的看法，那個紀登奎決非山東人，八桿子搭不上關係。中國人同名同姓的非常多，再說奎和魁也不一樣。

孟校長不愛講話，他講起話來兩道濃眉尖顫動，烱烱有神的大眼睛帶有幾分威嚴。他是江蘇宜興人。從小在十里洋場的上海長大，講着一口上海口音的普通話。他長袖善舞，梭哈、麻將，樣樣精通，喝起酒來越喝越猛，從未醉過。他是職業學生，在烏煙瘴氣、物價飛漲的年代，不少左傾青年開展反內戰、反飢餓、反迫害運動，孟慶餘以聖約翰大學自治會領導人的身份，為維護政府作出了貢獻。因為他從事學運工作經驗豐富，來臺以後，竟然派到學校行政部門，這也是歷史的誤會。時代的年輪迅速轉動，到了七十年代，歐美留學生陸續回國，這些被政府稱作「青年才俊」的天之驕子，擠進教育界，孟慶餘此時已受到精神上的威脅。他心中明白，即使自己具有輝煌的經歷，那已是秋後的螞蚱，蹦躂不了幾天了。

黃慕白內心對孟校長非常討厭，為了飯碗問題，他只有哼而哈之作順民，陪笑臉。

錫純剛來校時，孟慶餘一直採取排斥態度，不表歡迎。錫純也對孟校長畏懼、疏遠。有一次，她談起自己被捕的往事，曾經提及孟慶餘似乎審訊過她，事隔多年，錫純已記不起時間和地點，她每次見了孟校長，皆有似曾相識之感。

那天假日，黃慕白騎機車去瑪里村菜市場買菜。清晨，陽光從太平洋面浮起，路旁樹葉洒下金燦燦的陽光。這將近兩公里的公路西側，盡是綠油油的稻田。二十年前，瑪里村只有四五家雜貨店，有的門口擺着甘蔗，路過的車輛停駛下來，開車的到店內買香煙、汽水，順便削一隻甘蔗，邊嚼邊走。原先瑪里村只有一條小街，漸漸的從一字變成丁字、干字；如今村內建築了三條馬路，中間以花東公路貫串起來，成為一個王字。儼然是一個繁榮的小鎮了。

菜市場建立在村東面，搭起塑料棚頂，每次颱風過境，棚頂總被吹得七零八落，最後汰舊換新，還是搭建塑料棚。這種蕭規曹隨、因襲傳統的作風，也許從內地帶過來的。一進菜市場，便聞到臭氣和腥羶氣味。牛羊雞鴨、海鮮、糧食、小吃攤、水果攤，好一派鬧哄哄氣象。黃慕白初來時常覺得蔬菜種類少，如今蘿蔔、捲心菜、大白菜、洋蔥、芹菜、大蔥、黃瓜、茄子、四季豆、南瓜、碗豆、芫荽、苦瓜，想吃啥有啥。黃慕白每次買菜，總是按照一星期所需用的，包括福利社出售的食物原料。等他採購完畢，將菜筐綑在機車後座，一位中年人提着菜籃，笑嘻嘻迎面而來。

黃老師，您出來買菜了，咋買這麼多？

平頭、同字臉、大個子，濃重的膠東口音。黃慕白齜牙一笑，踏破鐵鞋無覓處，得來毫不費功夫。前幾天孟校長囑託調查此人，正愁找不著，誰知卻碰了面。他高興地說：紀先生，你是山東哪縣？

即墨。你呢，老鄉？

紀登魁把即墨說成擠蜜。黃慕白忍不住想笑。我是煙臺。

你知道周建不？

當然知道。他過去是煙臺愛華中學校長，來到臺灣被槍斃了。

聽說這件冤案平反了。周建的靈位進了臺北圓山忠烈祠，他成了烈士啦。紀登魁從破袂克袋掏出香煙，兩人點上火。你不急着回去吧？到我家坐一坐。就在前面不遠。反正我也不怕你笑話，娶了一個山地女人，窩窩囊囊，湊和着過唄。我女兒上初二，去年從瑞穗轉到你們學校。他二人邊聊邊走。傍依着菜市場有一排民房宿舍，路口掛着「公路新村」木牌，紀登魁就住在左首第二家。推門進屋，他拉開嗓門喊：泡茶，老師來啦！

客廳約兩坪大，一套小沙發和茶几，佔去三分之一。牆壁上貼着一幅對聯，忍片刻風平浪靜，退一步海濶天空。中間供奉觀音大士，爐內三炷香，散發着焚香氣息。須臾，一個穿學生制服的小女孩，端着沏好的茶壺走出，先給黃老師斟上一杯茶，紅着臉說：老師請用茶。黃慕白不認得這個學生，他誇獎了幾句，便追問何以提起周建的事？紀登魁笑了：小孩沒娘，說起來話長。民國三十八年，我在衛戍司令部開車子，專門抓政治犯，三頭六臂的人物，我都見過。周建是知識分子，他始終不相信會判死刑。他是國民黨員。他常說，大水沖到龍王廟，一家人不認一家人。到了那節骨眼上，誰還顧得了在黨不在黨，槍決的都是黨員！孟慶餘當時就是專門審訊政治犯。

黃慕白聽了渾身起雞皮疙瘩。從他和錫純相識相戀而結婚，兩口子如膠似漆沒有隔夜的話，唯獨不願談起她被捕的往事，她不喜歡講，他也不喜歡聽。喝着凍頂烏龍茶，他想起孟校長交付的任務，便立刻岔開了話題：老鄉，上一次，你在家長座談會上，跟孟校長發生誤會，既然事情過去，以後也就別提了。那件事錯在我身上。當初我不應該讓我女人去福利社幫忙，她賣饅頭、包子惹出來的麻煩。

對不起。紀登魁臉上閃出激動神情。我是駕駛兵出身，肚子裡沒啥墨水，最喜歡放砲打抱不平。孟慶餘仗着特權，把阿蕙拉到河邊草地上日，一日就是大半夜，日得阿蕙那個騷娘們嗷嗷叫。這是人哪還是畜生？你打聽打聽，瑪里村的婦女誰不知道孟校長胯下長着一根驢屌？

黃慕白捂嘴直笑。他從來沒聽過這麼粗魯的話。周瑜打黃蓋，一個願打、一個願挨，咱們局外人最好少管閒事。何況你女兒在學校讀書，你犯不著跟孟校長作對。將來找個機會，我們三個人聚一聚聊聊，解除誤會。這件事由我來安排。黃慕白說着朝門外走，推機車走出巷口，他發動引擎駛向歸程。

路上，黃慕白思索山東老鄉的話，既好笑，又令人氣憤，這名老色狼能勾搭上阿蕙，他又怎不會勾搭上阿美？三十六計，走為上計。趁此機會，他想勸促妻子辭掉福利社工作，把前面籬笆圍牆拆除，改建店舖，出售雜貨、水果、麵條、餛飩及賣出名氣的包子、饅頭。回家和阿美一商量，阿美當然贊成，不過發愁資金少，人手不夠，黃慕白便去找林紹臣商量。老林正發愁剛從各大圖書館複印來一堆花蓮溪資料，有關日文部份找不到人翻譯。聽了黃慕白說明來意，他馬上作出決定：等我老婆阿眉回來，我跟她商量，明天向你回話。

林紹臣是一個樂天派，他研究花蓮溪已是發憤忘食、樂以忘憂，不知老之將至。他不像黃慕白身在花蓮心繫煙臺，他認為這種嚴重的懷鄉心理將導致精神分裂。他熱愛花蓮溪，熱愛溪岸的自然景物，更熱愛生活在這兒的人民。他不愛運動，唯一的嗜好則是假日去瑪里鄉一家麵館叫一碗牛肉湯麵、一碟滷花生仁海帶豆腐乾，再來兩杯雙鹿五加皮酒。吃得滿面泛紅，像活關公。麵館老闆的女兒阿眉問：林老師，你喝了酒上哪兒去？你是小女孩，我不能告訴你。阿眉是純潔的女孩，聽不懂邪門歪道的話。你喝了酒，趕快睡覺。老林摸着膨脹的肚皮直笑：我是想睡覺去呀，寶貝兒，我是睜着眼睛睡覺。阿眉還是聽不懂他的話，呵呵笑了。

阿眉從小學畢業便幫助父親做生意。她煮的陽春麵、酸辣麵、乾拌麵，鹹淡適中，最合林紹臣口味。麵館內只有六張小桌，林紹臣常坐在最後的座位。離熱鍋遠比較涼快。他最愛吃牛肉湯麵，打個荷包蛋。有時也吃酸辣麵或乾拌麵，阿眉知道他愛吃蔥花、蒜片和芫荽，而且少洒味精和醬油。人是感情的動物，有時隔了一段時間林紹臣不去吃麵，阿眉還向學生打聽他是否有病？他聽了皺起眉頭，這個臭丫頭，咋咒我生病？捎信的把話傳回去，讓阿眉心緒不寧很久，直到林老師那輛三陽牌機車停在門口，他一跩一跩走進麵館，從褲袋掏出一個紅包甩在櫃枱上，向阿眉說：拿着，差一點把你生日給忘了！大碗乾拌麵、一碗牛肉湯，不要蒜片！

阿眉凝望着這位久違的客人，花襯衫、達克隆西褲，皮鞋擦得亮晶晶的。她問了一句：要五加皮酒不？

NO，林紹臣說了一句英語，便坐下看花蓮溪英文資料。

不久，阿眉將牛肉湯、乾拌麵端來。林紹臣用湯匙舀了一口湯喝下去，然後拿起筷子挑拌了一下麵，吃將起來。

蔥花夠不？阿眉站在旁邊問。

夠，夠。我去花蓮會見朋友，不敢吃蔥蒜。臭哄哄的人家討厭。

什麼時候吃你的喜酒呀？

老林愣了一下。抬頭，看見阿眉的一雙水靈的眸子，正審視看他。他覺得詫異，也很有趣。阿眉，你看我這個胖樣子，像葛小寶，誰會喜歡我？

很多人喜歡葛小寶，也許他不知道。連我也喜歡他。

林紹臣急着去花蓮跟一位水利專家會面，談論有關斷頭河的水文現象。他吃飽了拿起資料去付帳。臨走，阿眉將紅包退還他，而且向他幽默地說：這紅包你先保管，等我結婚再送給我吧。

你這麼小就想結婚，傻丫頭，不害臊！

我今年二十六啦。她說話像在賭氣。

好了好了紅包我收下，怪我忘了給你買一件小禮物。麵店內空蕩無人，他原想再和她聊一會兒，但是約定下午二時在亞士都飯店會面，只得帶着尷尬的心情離開了阿眉。

林紹臣埋首研究花蓮溪，材料愈扯愈多，牽連愈來愈複雜，他已如一隻蜘蛛被黏封在絲網之中。那年他才三十九，由於體胖不修邊幅穿得邋裏邋遢，讓人看起來像年近五旬的小老頭兒。尤其碰見熟朋友，他講話毫無遮攔。遇到麵店無人，阿眉向他談幾句感性的話，他總是吊而郎當，毫不在乎的樣子。培根說，有妻子者，其命定矣。蓋妻子者，事業之障礙也。阿眉插話：培根是什麼人？培根是英國哲學家。阿眉激動地說：狗屁家，神經病！林紹臣哈哈大笑。

秋天學校開懇親會，許多學生家長湧進了校園。園內有幾十個食物攤位，免費招待家長品嚐。瑪里村來的最多，老人、年輕人，還有抱着嬰孩的婦女。臺灣人、阿美族、外省人，將校園擠得水泄不通。儘管學校如此熱鬧，林紹臣依然披着破袂克在宿舍看書。陽光從窗外照進來，他像一隻慵懶的狗，身上搭着一條烏七抹黑的破棉被。床頭擺滿中英文資料、衣服、雜誌、報紙。有人敲門，他置之不理。但是敲門的堅持不走，終於喊了一聲「林老師，有人找您！」林紹臣翻身下床，穿上拖鞋，打開屋門，發現一個高二級男生的身後站着阿眉。他趕緊捂住短褲，老鼠差一點從褲襠落出頭來。

你等一會兒，我穿好衣服就出來。林紹臣掩上屋門，伸手取下掛在牆上的西褲。誰想到阿眉已走進來，一屁股坐在床沿上。

你來看我，也不通知我。人家外國人先打電話，或是寫信約定時間會面。你像警察一樣，突擊檢查。他穿上長褲，紮好了皮帶。

阿眉穿着一件天藍色洋裝，胸部隆起。那烏黑涓光的秀髮，散發出淡淡的茉莉香。她帶着好奇的眼光打量屋內亂七八糟的東西，嘴角泛起笑意。她不時用小手帕輕抹面頰，寬潤的額頭泛出汗珠。林紹臣急忙打開小電扇，卻吹得桌上的資料、稿紙滿屋飛。阿眉說，關上吧，我不熱。她站起來走近窗前，順手拿起一個空雞蛋殼。這是做什麼用？怎麼存了這麼多？

都是我吸過的。

吸生雞蛋，真有意思。你吸一個我看看。

林紹臣從牆角一只盛雞蛋的籃子中，取出一枚雞蛋，再用小錐子在蛋殼兩頭插兩小孔，然後用嘴吮吸一孔，剎時間他把蛋白、蛋黃吞進肚內。最後把這枚蛋殼遞給阿眉。

你們山東人都這樣吸雞蛋？阿眉笑起來。

不，只有壞人才吸雞蛋。

這雞蛋是你偷人家的？怎麼壞法？

你不要再問了，這不是啥學問。

不，我要你告訴我。你不告訴我我不走。

阿眉啊阿眉，今天算我倒楣。我悔不該表演吸雞蛋給你看。你看了又這麼囉嗦。早知如此，我剛才不應該開門。真倒楣！

阿眉賭氣走了。阿眉走，林紹臣也不敢送她。校園裡人山人海，學生穿戴整齊，家長來賓也都穿上節日的盛裝。老林連鬍子也未刮，他這副邋遢樣子去送阿眉，豈不引起群眾的矚目？這樣一傳十、十傳百，恐怕不到一日便傳遍瑪里村。阿眉負氣而走，林紹臣歉疚萬分，從此二人建立起真摯深厚的感情。那時黃慕白喪偶多年，決心不再續絃，他為老友和程眉婚事忙碌，先在花蓮地方法院公證結婚，並假大華酒店設宴招待親友，想不到孟校長欣然蒞臨，這大抵是林紹臣研究花蓮溪受到花蓮各界矚目的緣故。

結婚那日，老林向學校教職員宣佈，「先上車，後補票」，大家捂嘴直笑。果然他倆結婚四個月後，阿眉產一子，取名林溪。適巧西部一所大學想聘請老林作助理研究員，老林捨不得離開花蓮溪，更捨不得離開這些質樸善良的人們。他斷然地說：海枯石爛，我也長住花蓮溪岸！

黃慕白開小吃店找老林夫婦幫忙，一拍即合。不過阿眉主張最好專賣包子、饅頭、水餃、麵條，這樣創出名氣再增添炸蝦、煎魚、滷豬腳等小吃。通過四人商議，決定兩家合資經營。黃家店鋪月收租金。並且取名「花蓮溪小吃」。請花蓮一位書法家寫了招牌，買了一串鞭炮霹哩啪啦一放，驚動四週住户、過路行人，不久學生聞風而來。不到一月光景，增加了肉粽、烙餅、春捲、豆沙包、韭菜蒸餃、牛肉燴飯、排骨菜飯……每到午餐時間，工人、學生、家庭婦女把「花蓮溪小吃」擠得水泄不通。阿美做的饅頭，阿眉煮的牛肉麵，使花蓮溪沿岸的顧客百吃不厭，讚不絕口，他們都誇讚這是標準的山東口味。其實阿美阿眉是道地花蓮人，她倆何曾到過齊魯大地？

那天黃慕白從紀登魁家出來，才知道孟校長的來歷。他既擔心這個老色狼打阿春主意，又怕他暗地動手腳加罪於紀登魁身上。翌晨，老黃去見孟慶餘，把紀登魁的家庭境況介紹了一下。談起上次家長座談會，老紀表示懊悔，他胸無城府，心地厚道，當了七八年駕駛兵，後來患關節炎退下來，如今在公路局築路工程隊工作。他老婆在瑪里村擺水果攤，女兒還有肺病，生活非常清苦。老紀向我誠懇表示，啥時候校長有空，他想請您吃頓便飯。

孟慶餘皺着眉頭，不耐煩地聽下去。忽然，他問黃慕白：這個人當過駕駛兵，是不是在臺北呆過？

不是。黃慕白趕緊說，他在陸軍雄鷹部隊汽車連當中士副班長，退下來就到了花蓮。他從來沒去過臺北。黃慕白暗自懊悔，剛才不應該談起紀登魁的駕駛兵經歷。

孟慶餘吸了一口香煙，嘿嘿笑。我記得你也是雄鷹部隊下來的。軍部駐防鳳山五塊厝，這個是，雄鷹部隊就是七十三軍，你在我面前還搞保密規定？我什麼不知道？這個是，回去你告訴他，以後若是再亂講話，我會派人割他的舌頭。他站起來走向窗台，那是他送客的習慣動作。黃慕白只得悻悻離去。

孟慶餘在過去十幾年，對於黃慕白採取和平共存態度。但從這次事情以後，雙方產生戒備心理。不久，阿眉離開福利社，更引起孟慶餘的懷疑。他已暗自向教育局報備，想辦法把黃慕白調到西部學校，由於目前找不著適合的教師補缺，所以暫時留校。

這件屬於人事作業的機密，竟然輾轉傳到紀登魁的耳邊。一日，這位平頭、身材魁偉山東老鄉出現在「花蓮溪小吃」店內，他叫一大碗牛肉湯麵，切了一碟海帶絲，要了一個剛出籠的饅頭，慢慢吃起來。傍晚時分，夕陽洒在紀登魁的同字臉上。他不時向放學的人群觀望。當黃慕白的身影出現時，他笑了！

人與人之間能夠投合，宿命論認為靠一種緣分。從上次黃慕白和紀登魁見過面，留下極為深刻的印象。他認為此人心地善良，為人忠厚，即使僅聽他那一口濃重的即墨方言，亦可紓解鄉愁。老黃把他引進自己書房，泡了一壺凍頂烏龍茶，從書櫥拿出他存放的555香煙，招待老鄉。書房約莫四坪大，右邊是開放式的書架，擺滿了有關古典文學、現代文學書籍。左邊是沙發、茶几，中間擺了一盆萬年青。寫字枱臨窗，左前方置聚光燈。牆壁掛一條幅，那是十多年前黃慕白抄錄李叔同《感時》詩。由於年代稍遠，裱紙已漸泛黃。書架壁前掛有黃慕白伉儷結婚照，新郎穿藏青色西服，黑領結，眉宇間透露書卷氣息；新娘著白紗禮服，兩隻清澄大眼，流蕩着幸福的笑容。對面壁上有兩幀十六吋照片：一幀為黃慕白全副戰鬥服裝，正接受七十三軍軍長頒獎；一幀是一位青春少女，著陰丹士林制服、黑裙，站在天壇前遠眺，嘴角含笑。紀登魁站在少女照片前凝視良久，忽然轉頭問：這個女孩子不是錫純麼？她是你的什麼人？

你在哪兒認識她的？

臺北。錫純是瀋陽人，東北大學流亡學生。她有一個男朋友葉虹，以叛亂罪名槍斃了，臨死還呼口號中國國民黨萬歲！

這不是冤枉嗎？黃慕白發出一聲冷笑。

錫純這個女孩非常文靜，對人有禮貌。她蹲監牢的時期有胃病，有一天胃出血，我開車子送她去醫院，她吐了一路。吐的血烏七抹黑，跟醬油一樣。後來她被送走了！不知道關在啥地方，以後我再也沒見過她……

黃慕白的心抽搐作痛，默聲無語。

錫純到底是你的什麼人？

她是我的前妻。走了十三年了。

紀登魁原想將他調走的消息告訴他，如今已說不下去。把煙蒂捏熄，擱進煙缸內，他起身告別。等清明節，帶我到嫂子墳前燒點紙。走出門，晚暮已漸漸籠罩下來。

冬天，北勢溪終日飄着凄風冷雨，山道蜿蜒曲折，常使行人迷路。那座建築在孤形山坡間的獨立家屋，長年雲山霧沼，難以讓人發現。屋內有地下室，專門審訊政治犯。房屋四週設有崗哨。紀登魁每逢單日上山出勤，二十四小時待命開車接送人員，大半都躲在崗哨內吸煙、看報、聽收音機消磨青春。白晝，不覺什麼，但在漫漫的長夜，風雨刺骨寒冷，偶而從鐵絲電網的院牆飄揚出凄慘的歌聲，更使他渾身顫慄。

遼河的水呀松花江的浪……

紀登魁常聽到呻吟聲、哭泣聲，以及激昂的辯論聲，這像廚師長年在廚房生活，聞多了油香氣味，嚐膩了雞鴨魚肉，絲毫沒有食慾；如今聽到哀婉動人的歌唱，卻激起了他思念故園的感情。

這個女犯人錫純漂亮，也很可憐。警衛低聲告訴他：上個月，你休息，錫純被押到礁溪溫泉區，給七個審訊人員強姦了。回來睡了好幾天……

過了數日，紀登魁奉命把一位女犯人送到臺北醫院。女犯人明眸皓齒，氣質高雅。等紀登魁回來，那個警衛才告訴他女犯人就是錫純。

那時紀登魁風華正茂，胳臂像牛腱肉一樣結實有力，飯量很大，性慾特強，每週不去妓女户發洩一下，臉上會憋出青春痘。自從聽了錫純被七人輪姦的事，他幾乎有一年多沒摸過娘兒們。

正當「花蓮溪小吃」生意紅火，顧客盈門，黃慕白接到調職雲林縣一所中學的公文，他感到非常難過。按照他服務年資，明年六月便可辦理退休。如今讓他另起爐灶，離開花蓮溪畔，他怎不傷心難過呢？阿春全心投入生意，她對此事並無影響。你先去，等你租到合適的房子，我們再搬家。這棟房子你捨不得賣它，就留給阿眉做生意，隨便她給一點租金，空着也是空着。也許你到了西部就發啦。黃慕白接話：發瘋啦。逗得阿春咯咯直笑。

夏天的夜晚，小吃店的顧客川流不息，阿眉掌鍋，阿美伺候客人，忙得團團轉。但是林紹臣、黃慕白從不插手幫忙，不少客人根本不知道男主人是中學教師。林紹臣想利用暑假期間，將花蓮溪是一條斷頭河的研究論文寫出來。所謂斷頭河，就是被奪河在襲奪灣以下的河段，因它上游被奪改道，形成源頭截斷現象。它流向不變，但水量減少，流速緩慢。林紹臣的研究論文指出：位於瑞穗以南的秀姑巒溪上游一段，原來是花蓮溪的延伸部份，但現在已被一條順向河襲奪，並切穿臺東海岸山脈注入太平洋。他的論證是：

一、沿臺東縱谷之花蓮溪與秀姑巒溪的兩條河谷之間，以一通谷相連，而無任何丘陵或高地之分水界為界。花蓮溪與秀姑巒溪的分水嶺在大富附近，該處地表平緩，而且覆蓋着砂及礫石沉積物，這一槽狀低地的地表形態，明顯表示此分水嶺的現址以前曾為河流所據，後經放棄的河道，故此分水嶺實為一風口。同時，也暗示秀姑巒溪的上游，曾經一度流經媽蘭鈞溪注入花蓮溪。

二、秀姑巒溪在縱谷中的流向，原由南而北，但在瑞穗附近突然折向東方，切穿海岸山脈注入太平洋。此一河道之彎曲，被認為是一襲奪灣。

三、花蓮溪與秀姑巒溪均有礫石層的廣泛分佈。雖然這二河谷的礫石層被認為係洪積世之同一時代堆積者，但沿此二河谷堆積的礫石層被切割之程度卻不相同。沿秀姑巒溪分佈之礫石層，被切割之程度較深。在現今河床面上一〇〇或三〇呎處形成切割之河岸段丘，以瑞穗附近特別發達。但在花蓮溪則無此項河岸段丘存在，故謂此項段丘之形成，乃由河流襲奪發所生的局部靜態回春作用所致。而瑞穗附近段丘特別發達的緣故是因瑞穗恰巧位於襲奪點上。

四、花蓮溪是縱谷中的重要河流，流入太平洋。花蓮溪僅三十一哩長，但河谷廣濶，平均寬度二．五哩，但溪水流量與寬廣河谷比較，甚為微弱。這表示現今之水道與原有河谷之大小，頗不相稱。這些地貌，就是斷頭河的特徵。

林紹臣研究花蓮溪多年，對於這條河川產生濃厚的感情。他安於現實，認同腳下的這塊土地。他不像黃慕白，每天夜晚收聽大陸廣播，身在花蓮，心在煙臺，他總感覺自己投宿旅店，只要東方泛出魚肚白，他便渡海返回煙臺，重溫天倫之樂。說來有趣，睡在他們身旁的兩個年輕女子，都摸不清丈夫的心理狀況。食色性也，偏是這兩個山東佬會做麵食，有時生意忙起來，根本不管他們民生問題；只是每隔半月二十天，遇到精神亢奮，他們才敦倫一次，老林老而彌堅，但黃慕白卻已呈現衰退現象，不過服點壯陽藥物還可以應付。

對於黃慕白調職，老林也抱樂觀態度，勸他先去雲林再說。也許過去一年半載，孟慶餘走了，將來再想法調回學校。從大陸來臺灣的人，不管達官政客、地主老財，都像花蓮溪一樣，水源少，是斷頭河，難以出現驚濤駭浪的壯觀奇景。即使你想跟孟慶餘鬥，雞蛋碰石頭，倒楣的還是自己。為啥不趁着精力充沛多奮鬥幾年呢？黃慕白激動地說：若是我能在花蓮港找到走私大陸的漁船，花上三十萬、五十萬，讓船老大把我送回大陸。了卻了生離死別之苦，也免得再受這些窩囊氣！

林紹臣聽了他的話，眼圈紅了。嘴角不住地顫動。許久，講不出一句話。

你一走，拋下阿春不管了？

不管了。

別忘記錫純的墳墓在奇塔山腳。

活的人都管不了，還管死的？

你吃了二十年花蓮米，喝了二十年花蓮水，你一拍屁股溜之大吉。你這是啥作風？老林激昂地說。黃慕白不再吭聲。人過留名，雁過留聲。老黃，你是新時代的知識份子，也許比不上舊社會的販夫走卒心靈純樸。你想一想，你這種開小差的思想未免過份自私吧！最後黃慕白兩手抱頭，嚎啕大哭。

過去錫純活着時，黃慕白曾提起偷渡大陸的念頭。錫純性情溫和，臉上堆滿笑容，像聽到一個有趣的童話。她坐在縫紉機前為學生繡學號。老黃躺在竹床上，手中握着一冊王國維《人間詞話》，他沒看書，卻一直跟錫純聊天。他從收音機裡聽到一個山東同鄉，趁月黑風高夜，從金門料羅灣駕駛一艘小艇開到廈門。廈門當局按照此人的意願，送他回了山東老家，見到了離別多年的母親。並且為他安排了工作。黃慕白聽了非常羨慕。如果有一天，我偷偷去了大陸，不告而別，你會不會恨我？錫純思索了一下，說：我不會恨你，可是我會生氣。為啥生氣？因為你自私。這咋是自私？當然是自私，你沒有替別人著想，只是滿足自己的願望。黃慕白默然無語。

八月初，一個定名海倫的颱風正在花蓮東南九十浬的海面停滯不前。氣溫升高，萬里無雲，偶而從太平洋吹來一陣風掠過花蓮溪，涼爽含有腥鹹氣息。距離開學日期尚有半個月，黃慕白近來正整理帶走的書籍、衣服、被褥等用品，準備動身。那夜，他幫助阿春洗碗、擦桌、切肉、洗菜，忙到深夜一點四十分，兩人才沖了冷水浴，赤裸着身子，躺在竹床上吹電扇。

閃電夾着雷鳴，從遙遠的夜空傳揚過來，把臥房內兩隻赤條條的蛙照得忽明忽暗，若隱若現，似夢似幻；阿春已壓抑不住如飢如渴的慾火，她翻身下床，躍過沙發，撲向丈夫的懷間。於是，兩隻赤裸的青蛙開始翻騰、扭絞在一起了……

你沒吃……那個裝羊藥？阿春問他。

沒……吃。黃慕白副班長身著全副戰備武裝，手持捷克式重機槍佔領灘頭陣地。

你真行！她滿足而誠懇地誇耀着丈夫。

窗外響起一串雷聲，似乎為老黃鼓掌；閃電像新聞記者的鎂光燈，爭先恐後拍攝這空前的香艷鏡頭。

忽—刺—刺，隨着閃電，發出一聲巨大的地動山搖的雷聲！雨，嘩嘩地從那濛茫幽邃的蒼空傾瀉下來。

阿春癱軟在竹床上。等她甦醒過來，扭開枱燈看到壁上電子鐘已是凌晨三時。她清理了床上的污穢物，輕輕將毛巾被搭在丈夫的胯骨間。你真行。到了雲林，你可別亂來。西部女人厲害，翻臉不認人，別讓野女人把你香蕉用剪子剪掉，變成……死馬……醬。黃慕白笑了，他在閉目養神。司馬遷，什麼死馬醬？亂扯一通。

兩口子沖澡，喝水。黃慕白躺在竹床上打開收音機，聽到花蓮台正播報的海倫颱風轉向日本鹿兒島，但它將給臺灣東北部帶來豪雨。忽然，一個男播音員插播一條新聞：今天凌晨二四十三分，在距離瑪里村一公里的花蓮溪岸，一對男女不幸遭受雷擊，慘死在一棵鳳凰樹下。男播音員說，這一對男女下身赤裸，皮膚灼傷。在死者現場三十米處，停放一輛黑色轎車，車牌四〇七七九號。警方希望死者家屬前往查看。接着，女播音員介紹有關電擊的常識：凡是帶電的雲彩接近地面放電，常會毀傷房屋、人畜和樹木，叫電擊，也叫雷劈。黃慕白關上電晶體收音機。雨停了，偶而樹梢的水滴落在石階上，發出脆響。他聽到阿春已發出輕勻的鼾聲。不久，他也昏然入夢。

翌晨，晴空萬里，太陽像一只油煎雞蛋，掛在花蓮溪的半空。紀登魁騎機車趕來，停下車就扯起嗓門喊：好消息，老色狼昨天夜裡在花蓮溪給雷劈了！

你是說孟校長？黃慕白迎出門來，吃驚地問。

不是他還是誰？老紀壓低嗓門：老色狼光着腚在樹下正跟阿蕙野合，一個劈雷打下來，兩個狗男女當場完蛋報銷。走，我帶你去看。

黃慕白聽了癱軟下來，雖然孟慶餘對人刻薄無情，但畢竟相處十幾年，驟然發生悲劇，他也感覺有些難過。何況這件事對於學校有很大的影響。他猶豫地說：登魁，我不相信會是他。他是高級知識份子，他絕不會做出這種事來。

紀登魁走後，黃慕白開始和麵蒸饅頭，有關孟校長和阿蕙被雷擊的慘劇，一直在他腦海迴盪。他隱約憶起當年這棟房主蘇太太攆阿蕙搬家，便因她夜晚和丈夫交媾常發出呻吟哭啼聲，讓蘇太太難以睡覺。這當然帶着妒意。儘管過去傳出老色狼誘姦阿蕙的秘密，黃慕白卻始終對阿蕙印象不錯。阿蕙長得豐滿，具有女性的魅力。她的兩隻純淨的眼睛，幾乎會淌出清澈的泉水，原來總務組想公開招進商人辦福利社，以投標方式處理，但阿蕙在孟校長庇護下，一直佔領這個賺錢的陣地。日久天長，謠言四起，有人說阿蕙為了討好孟校長，每日午睡時間陪老色狼發洩一下，時間不超過十五分鐘。因為孟校長中午不回花蓮，在福利社包伙。他最愛吃蛋炒飯或牛肉燴飯，一碗蘿蔔骨頭湯。都由阿蕙親自送進校長室。這個謠言還是由於阿蕙叫床讓人聽見而傳揚出來的。

雖然孟慶餘這件新聞受到有關單位指示，淡化處理，可是這一對野鴛鴦夜晚在花蓮溪岸交合慘遭雷擊的事實，不到三天傳遍了全縣的每個角落。有些吃飽飯沒事做的臭男人，加油添醋，義務宣傳：孟慶餘的那東西特大，跟黑驢兒相似，任何女人挨上了它，不被整死也得跳海自殺。那像吸海洛英，一吸成癮，久吸必死無疑。阿蕙以身殉難，為花蓮溪岸婦女除害，應列入縣志，予以表彰。還說孟慶餘上酒家喝花酒，凡是陪他喝酒的妓女，不是裝瘋賣傻，就是豪飲而醉，其目的就是擺脫他的蹂躪。只要和他做愛一次，至少得睡三天才能接客。這些捕風捉影的話讓人難以置信。若果真孟慶餘這麼厲害，過去阿蕙每日陪他午睡，何以面似桃花，身材健美，毫無倦態？

阿春始終不相信阿蕙死於雷擊，也不知道阿蕙是孟校長的姘婦。她心地純真，像花蓮大理石毫無瑕疵。直到看了報紙上刊載出阿蕙半裸照片，她竟然悲痛地哭了。她說阿蕙會做生意，對炒牛肉絲、燉牛肉很有經驗。過去在福利社，兩人相處和睦，至於阿蕙因為「山東麵包」搶了她的生意設法攆走阿春的往事，阿春卻忘得一乾二淨。

過了一週，黃慕白正收拾行李動身，縣裏派教育局督學章朋代校長。章朋剛到職作了兩項決定：一是派林紹臣任教務主任，二是註銷黃慕白調職令。這是振奮人心士氣的兩項措施。開學前，校方公開招標改組福利社；阿春原想在福利社代售饅頭、肉粽、春捲等食品，但黃慕白為了避免閒話，不願跟福利社打交道。為感謝章朋知遇之恩，老孟打起精神教書，熱心校務，全心投入教育工作。甚至晚間連大陸廣播也不聽了，躺在床上就會睡熟。阿春暗自高興，丈夫守在身邊，畢竟比去雲林好。只是她近來胃部不舒服，時常嘔吐。黃慕白買了胃藥給她吃，也沒有效，最後帶她去醫院，通過檢驗，醫生告訴阿春：恭喜！你已經有兩個月的身孕了。她聽了這句話，熱淚盈眶，激動地說不出話來。

阿春懷孕，黃慕白喜出望外。若是明年春天嬰兒呱呱墜地，黃慕白四十七歲得子做父親，他要買一串最長的鞭炮點燃鳴放，讓花蓮溪兩岸人民都會聽到這個喜訊。黃慕白為了替尚未出世的嬰兒取名字，躊躇良久，最後從海倫颱風獲得了靈感；因為他心裡明白，阿春是在海倫颱風壓境的風雨夜懷孕的。黃慕白思索數日，最後決定為兒子取名「海青」，女兒則命名「海若」。

海青，鳥名，即「海東青」。鵰的一種。《元史・世祖紀》：「敕燕京至濟南，置海青驛，凡八所。」元朝以此作驛站名，取鵰飛迅速之意。

海若，傳說中的海神名。《楚辭・遠游》：「使湘靈鼓瑟兮，令海若舞馮夷。」王逸注：「海若，海神名也。」洪興祖補注：「海若，莊子所稱北海若也。」

從此，每晚入睡前，海青、海若是黃慕白夫婦談論的話題。阿春盼望一舉得男，免除後顧之憂；老黃嘴上好似抹了蜜：不管是男是女，我都喜歡；若是生個女的海若更好，女孩子孝順、貼父母的心！阿春聽不懂模稜兩可的話，問他：你到底是希望生男的還是女的？問得老黃紅了臉，直笑。

每年到了深秋季節，奇塔山便呈現煙籠霧鎖景象。山麓的一片竹林，湮沒在濛茫幽邃的雲海中。許多不知名的埋伏在竹林裡的野鳥，發出讓人毛骨悚然的啼聲，如泣如訴、如哭如嚎、如歌如誦，因而農家孩子走進竹林，受到驚嚇，等下次經過山腳，便會繞道而走。其實那並不皆是野鳥撲啼聲，山風一吹，竹林就回盪起一波壓一波的吱吱嘎嘎的怪音。當年黃慕白和錫純初戀，時常跑到竹林中偷情做愛，這裡是一片幽秘的充滿神話般的伊甸園。

為了紀念這個終身難忘的愛情聖地，當錫純病逝後，黃慕白特地去花蓮請來一位著名地理師，勘查了奇塔山腳的風水，最後圈出這塊左朱雀、右白虎的方位作為愛妻錫純的墓地。為錫純辦喪事，花費了老黃將近一年的薪水。孟校長聽了搖頭、苦笑，說了一句神經病。甚至他的知己林紹臣也不贊成他搞封建迷信。黃慕白在嚎啕痛哭過後，道出心底話：錫純一走，我還有啥活頭？我連命都不想要了，還在乎這幾萬塊錢嗎！

那時，老黃風華正茂，三十剛出頭，正是青春戀愛的好時光。傍晚，太陽落下奇塔山，他和錫純在花蓮溪會合，便掉頭向奇塔山麓的羊腸小徑走。説來也奇怪，錫純平日愁鎖眉尖，不苟言笑；但是和老黃—應稱呼小黃—在一起，頓時煥發了青春，變成一個活潑可愛的少女。她時常在夜暮蒼茫中，像捉迷藏似的隱沒在竹林之間，讓黃慕白既焦灼、又緊張尋找半天。

遼河的水呀松花江的浪……

錫純最愛唱這首具有東北鄉土風味的歌曲。歡樂時唱、憂傷時唱、寂寞無聊時也唱，她彷彿藉這支歌曲沖淡了濃得溶不開的痛苦的鄉愁。錫純和他的戀愛是真摯的、純潔的、無私的；她信任他、依賴他，什麼心事都毫無保留地告訴他甚至她曾愛慕一個男人的秘密也完全講給他聽。她把他視作情人、老師和兄長。她幾乎把心都掏出來雙手奉獻給他。

葉虹是東北大學自治會主席。他從瀋陽、北平、南京、上海、杭州，以至於沿浙贛線到湖南株州，再搭粵漢鐵路列車直達南中國的大門——廣州；後來，通過葉虹等數位學生領袖向教育部陳情，這支流亡學生的隊伍才搭乘一艘招商局貨輪抵達馬公港。這一百二十個男女大學生登陸，分別被送到離島進行審查，因為據傳有三十多名新民主主義青年團員，滲透在流亡學校來臺進行政治顛覆活動。葉虹為首的幾個學生會幹部，先後被捕，押送臺北。錫純聽到這個消息，氣憤萬分，她跑去找輔導員問個明白，莫非跋涉千山萬水追隨政府的愛國青年到了澎湖卻成了叛徒？這是哪個國家哪個政府制定的荒謬絕倫的法律？

你是葉虹的什麼人？

同學。我瞭解他，崇拜他，愛他。我用性命作擔保，葉虹跟共產黨八桿子也搭不上關係。

如果當年錫純忍受痛苦，不激動、不急躁，不去向輔導員理論，她也許可以苟全於亂世，受不到絲毫侮辱與損害；如果當年錫純長得醜，而且是一個聾子，聽不到四週的哭聲和嘆息，誤認為四海昇平五穀豐登的太平歲月，她現在或許做了議員、官員或校長；怎奈這一朵美麗的含苞待放的百合花，遭受風雨摧殘，白色的花瓣變得枯萎泛黃，連它的鱗莖也被野鼠蟑螂啃食，但它的生命繁殖力強，靠着殘剩的鱗片和珠芽，紮下土壤，最後百合又開放出絢爛的花朵。

黃慕白愛她，安慰她，開導她，戀愛是一帖最好的藥方，它可以醫療人們心靈的創傷。他們婚後生活非常幸福，布衣暖、葉根香，詩書滋味長。兩人一直分床而眠，為了避孕，也為了錫純體質虧損，他倆房事極少，甚至三五月才親熱一回。但是夫唱婦隨，相敬如賓，從新婚到肝癌病逝為止，他們沒紅過一次臉。恩愛夫妻不到頭，確有道理，前有芸娘與沈三白，後有錫純和黃慕白，這是通過驗證而獲得的定論。

從黃慕白和梅月春結婚三年多來，黃慕白每晚沿花蓮溪散步，卻很少來到奇塔山麓。因為他內心有愧，不敢走近錫純的墓園。每逢在夢中遇見錫純，老黃總是躲避不願和她會面。有一次錫純抓住他的手，向他哭訴自己不幸的遭遇，為了愛情，為了美麗的憧憬，跋涉千山萬水，最後卻長眠在這座海島上。我不甘心啊，我有家歸不得，我不能這樣飄泊海外啊！

自從做了這場夢，黃慕白面黃肌瘦，不思飲食，像害了病一樣。阿春問其原因，他哼而哈之，敷衍了事。阿春畢竟是善良心腸，以為丈夫得了不治之病，淚流滿腮，痛苦萬分。老黃心中不忍，便將原委告訴了她。她聽了也很驚惶，便去瑪里村買回香燭紙箔，選了一個吉日，他倆到奇塔山腳錫純墓地祭拜。

朝陽洒在綠艷艷的翠竹梢，看起來耀眼。和風掠過竹林，竹林發出一波接一波的吱吱嘎嘎的聲音，如鳥雀啁啾、黃鶯撲啼。錫純的墳墓在竹林東南方約五十米處，依山傍竹林，確是一塊幽靜之地。墓前豎一大理石碑，上刻「愛妻錫純之墓」，旁刻「膠東煙臺黃慕白敬立」，左方刻的是年月日。老黃和阿春蹲在墳前石階上，心意虔誠，一面將籃內香燭紙箔取出點燃焚燒。香煙燎繞，熱淚盈眶，老黃按照老家傳統的習慣，一面用竹枝輕撥焚紙，一面低聲細訴，跟躺在墳內的錫純聊起家常話：錫純呀，你還好吧？我跟阿春來看你了，給你燒點紙，送點錢，盡我們的心意。你現在晚上睡覺踏實吧？還是那句話，寧肯失眠也別吃安眠藥片。你上回托夢告訴我，你飄泊海外，有家歸不得，你不甘心。你咋說孩子話呢？別說是我，蔣經國也辦不到呀。我咋把你送回瀋陽？海峽對岸正深挖洞、廣積糧，準備應付核子戰爭。不管港澳來的臺灣來的或是歐美去的皆視作封資修階級敵人。咱倆去瀋陽是自投羅網。錫純你睡在這左孔雀、右白虎的寶地，可別人在福中不知福啊。來，這是阿春，花蓮人，她是百裡挑一的好女人啊。快，給錫純說幾句話。

錫……姐，你好……求你保佑老黃平安……老黃十來歲到臺灣，做阿兵哥……（黃慕白偷偷白了阿春一眼，心中埋怨……你講這些廢話做甚麼？難道錫純不暸解我的身世？）老黃四十六了，連個兒子也沒有……老黃忍不住捏了她胳臂一下，阿春竟然破涕為笑。

幾隻喜鵲拍着翅翼掠過墓地，投入金燦燦陽光照射下的竹林。黃慕白微笑着拿起鐵鏟，開始為錫純的墳墓培土。十多年前，錫純過世，老黃按照故鄉習俗在下葬後第三天，帶了十幾位好友、學生來此添土、奠紙、舉哀，謂之圓墳，也稱暖墳或暖墓。每值清明節，錫純祭日，老黃總是獨自扛了鐵鏟，帶了香燭紙箔，為愛妻祭拜，順便圓墳，因此錫純墳墓保持煥然一新，毫無淒涼落漠景象。祭如在，祭神如神在。從錫純墓地回來，老黃飲食正常，面色逐漸紅潤，夜晚跟阿春翻雲覆雨，虎虎生風，頗有當年手提捷克式重機關槍，搶灘登陸的英雄氣慨。誰能會料到半年後阿春竟然懷孕了呢！

阿春懷孕對於黃慕白有安定作用。具體地說，過去他把花蓮溪作客棧，隨時保持收拾行囊還鄉的準備。當年若非錫純省吃儉用積攢一點錢，最後將所有儲蓄傾囊而出買下這棟克難房子，把它改建成磚瓦房院，黃慕白即使到現在也不會購屋置田，作長久居留打算。如今阿春的肚皮逐漸膨脹，他暗自默想明年春天海青將呱呱墜地，他要把兒子撫養長大，先進幼稚園，再上小學、中學和大學。那時兒子也許看不見砲火紛飛、遍地狼煙的戰爭場面。但不管將來中國政局怎樣變化，最好還是讓海青學得一技之長。老黃最信服蘇東坡的觀點：但願生兒愚且魯，無災無難到公卿。他想起周建、葉虹成了海島上的冤魂，實在是中國最大的損失，若是他們稍微愚魯些，也許不致受到嚴重的災難吧？

從章校長改組學校福利社，廖明賦閒在家。妻子亡故，他萬念俱灰，終日藉酒澆愁。廖明是廚師世家，做得一手道地川菜。成都撤退前夕，跟着一位湯姓官僚來臺北做家庭廚師。那時他二十出頭，不懂時事，抱着遊山玩水的徜徉心情出來。誰想到臺北舉目無親，思鄉之心油然而生。每天躲在廚房勞動、吸煙、掉眼淚。姨太太的使喚丫頭阿蕙見他想家，時常安慰他。在一個滂沱大雨的夜晚，阿蕙赤腳溜進廖明的臥房，解開胸前的乳罩，讓他吮吸乳頭，慌說它脹得要命。那夜，長得嫵媚聰明的阿蕙吃了他的童子雞，從此後他逐漸淡忘成都，追求現實生活，煥發了青春。到了五十年代末期湯姓官僚看到反攻無望，而且不受最高重視，便攜眷赴美定居。臨走，給了廖明、阿蕙一筆遣散費，讓他倆各奔前程。原先老官僚打算把阿蕙帶走，他在成都起，便把阿蕙作為洩慾的工具。來臺以後，每隔一二月仰賴壯陽補藥，也偷偷摸摸跟阿蕙交合一次。姨太太妒恨萬分，趁出國遠行機會，將阿蕙遣散，了卻後患。這在阿蕙卻因禍得福，獲得了新生。

廖明起初在廈門街一所小學當工友，早出晚歸，生活勉強餬口。不久，花蓮大理石工廠招聘廚師，工資比較高。廖明討厭臺北氣候壞、車子多，謀生困難。便這樣來了花蓮。廖明是一個有經驗的廚師，進廠工作，大材小用，當然受到重視。阿蕙也在工廠做臨時工。兩人在這座大理石工廠工作了八年，積蓄了一些錢，後來廖明才到學校辦福利社。

川菜在我國已有一千餘年歷史，早在漢魏六朝時就具特色。以成都風味為正宗，包括重慶菜、東山菜、江津菜、自貢菜、合川菜等組成。有大吃、小吃之分。大吃菜肴講究工藝、口味清鮮、醇濃並重，以清鮮見長；小吃則以小煎、小炒、乾煸、乾燒等見長。又以味多、味廣、味厚著稱。廖明的祖父是成都著名的廚師，他的父親繼承父業，青出於藍，而勝於藍；廖明從小在這個環境中長大，耳濡目染，他對於「一菜一格，百菜百格」的川菜的味覺，魚香、宮保、家常、怪味、紅油、荔枝、椒麻、酸辣、薑汁、陳皮、麻辣、蒜泥、豆瓣、白油等具有一定的經驗。廖明對於傳統川菜香酥鴨、麻婆豆腐、宮保雞丁、魚香肉絲、乾燒魚翅、貴妃雞、回鍋肉、燈影牛肉、怪味雞等，都很拿手。像廖明這樣的優秀廚師人材，流落花蓮溪岸，終日以淚洗面，以酒澆愁，誰又能瞭解他呢？

那天下毛毛雨，黃慕白從瑪里村菜市場騎車經過廖明家門前，停車。從車座後墊拿出一份報紙，推門而入。他告訴廖明，花蓮市剛落成的香格里拉大飯店，徵求有經驗的川菜廚師。他一面將報紙的廣告指給廖明看。你去應徵，馬到成功，用不了幾年工夫，你就住進高樓大廈了。廖明接過報紙，不停地傻笑。讓我考慮考慮再說。他想去給客人泡茶，老黃卻告辭了。

有關廖明和湯蕙的身世，黃慕白最清楚。十多年前，他住在學校單身宿舍，在福利社包伙食，他夫婦倆待老黃不錯，時常借錢給他用，逢年過節還拉老黃去他們家吃飯。湯蕙原名劉蕙，金堂縣人。因家貧如洗，兒女衆多，抗日勝利那年劉蕙的父親噙着熱淚以一萬七千法幣賣給湯議長公館作如夫人的丫頭。那時阿蕙剛滿十六歲，眉清目秀、聰明活潑，已是婷婷玉立的大姑娘了。湯議長是個老官僚，他按照傳統習慣命丫頭改名湯蕙，並指示有關機構辦理户籍轉移手續。阿蕙不認字，跟未莊的阿Q一樣，叫她搥腿她搥腿，叫她按手印她按手印。甚至當成都郊區砲聲隆隆，她抱着湯議長小少爺登上飛機直航臺北，她也不知道是怎麼回事。

當年，阿蕙對黃慕白非常尊敬。大抵她過去接觸的男爺們，穿梭於湯公館的達官政客、護兵馬弁，有的趾高氣揚，對佣人不屑一顧，有的色迷瞪眼，對她施以性的騷擾挑逗；雖然阿蕙委身廖明，但這位青年廚師稍嫌木訥，不解風情，尤其在房事方面使她吃不飽也餓不死呈半饑餓狀態。如果拿黃慕白和其他男人相比，確有鶴立雞群之感。老黃身材魁梧，面目清秀，既有男子氣概，且具文人氣質。老黃談吐風趣、知識豐富。最使阿蕙心儀的是他不驕不躁彬彬有禮把她視作同學同志或同輩，毫無尊卑之別。也許因為阿蕙曾以水靈的眸子挑逗於他，也許因為阿蕙看過李麗華主演的一部電影後感慨萬端，她願為自己喜歡的男人洗衣洗腳作一輩子奴隸卻無怨無悔。黃慕白聽過這些踰矩的話，慧劍斬情絲，從此再也不進廖家的門檻。

這件秘史已隨同阿蕙埋葬。如今除了老黃，誰也不知道。老黃回憶起來，心裡有些歉疚與惆悵。他關心廖明，同情廖明，他覺得以廖明的烹調技術，即使去臺北圓山大飯店中餐部擔任首席廚師也毫不遜色。虎落平陽，廖明實在太委屈了。

過了兩日，雨過天晴。傍晚時分，「花蓮溪小吃」內外客滿，兩個年輕娘們忙得團團轉。廖明站了半晌，吸了半截香煙，才等到一隻塑料椅坐下。這家小吃店做出了名，遠近城鄉過往顧客，還有西部的觀光者慕名而來。廖明坐在那裡抽完一枝煙，阿春才從人叢中發現他。老廖，你啥時候來的，我怎麼沒看見你？你吃排骨飯還是吃麵？

廖明看着阿春膨脹的小腹，感觸良多，阿蕙生前性慾特強，為何一直未曾懷孕，莫非她是一個石女？阿春見他看得發怔，不禁羞紅了臉。老廖，給你來一盤牛肉燴飯行麼？

廖明說：叫阿眉煮一中碗酸辣麵，多加紅油。小碗牛肉湯。我要嚐嚐她的手藝。不久，阿春將酸辣麵、牛肉湯端來，並且帶來一盤小籠包。你嚐嚐，小籠湯包味道怎麼樣？

廖明拿起湯匙，先喝兩口湯。再將醋洒在薑絲碟內。挾起一只湯包塡進嘴，覺得皮薄肉鮮，餡有湯汁，油而不膩，吃得爽口。好，味道好。他向正反身離去的阿春說：給我倒一杯陳年紹興酒。

牆上，掛有一塊長橢圓形檜木招牌，上面的「花蓮溪小吃」五字，他不認得溪字。朦朧間，眼前車水馬龍，高朋滿座，從四面八方湧來的食客，騎機車的、開小轎車的，還有坐遊覽車的，走進巍峨壯觀的飯店拱門。飯店為中國傳統三合院，東面一排小吃部，西面一排筵席部，穿着天藍色旗袍女侍應生，穿梭走廊之間。正北面為賬房、會客廳和廚房，他老廖正站在爐灶前，指點廚師炒菜。

那晚，黃慕白客廳煙霧瀰漫，笑聲不斷。林紹臣、紀登魁坐在沙發上，靜聽老廖的遠程計劃。老黃在燈下作紀錄。兩位婦女不時走進來聽一會兒，又去忙碌外面生意。老廖以現有的小吃部作基礎，增加川菜部，先推出幾樣菜包括魚香肉絲、麻婆豆腐、回鍋肉和宮保雞丁。冬天增添麻辣火鍋和花椒麵。暫將黃慕白西面整排改建餐廳，並擴建廚房。俟五年後積累了資金，再購買地皮修建具有中國特色的飯莊。在討論時，黃慕白、紀登魁表示明年退休，即可參加營業。最後通過林紹臣的建議，等三合院落成後定名「斷頭河飯莊」。

人心齊，泰山移。廖明掌廚增添川菜部，不到年底，遠近顧客波浪般湧來。廖明做的麻婆豆腐，道地四川成都味道。從臺北坐飛機專程來「花蓮溪小吃」的一位成都籍立法委員吃了麻婆豆腐，讚不絕口。可是老廖比較保守，他不願搞宣傳。早在一世紀前同治末年，成都北門外萬福橋頭「陳家小吃店」，店主是位臉上有麻子的婦女，人稱陳麻婆。她做的豆腐小塊、雪白細嫩，綴以牛肉酥末，青綠蒜苗，再加上花椒、辣椒。若看起來色澤紅亮，吃起來麻辣味鮮。若將麻婆豆腐洒以花椒拌麵，麵碗熱騰騰的浮起一片紅油，吃起來更是其味無窮。廖明從曾祖父、祖父和父親傳下來的手藝，對於做麻婆豆腐具有一定的經驗。用小火去煨煮，配料適當，它才具有麻、辣、燙、酥、嫩、鮮等六個特點。

花蓮的冬天，海風沿着佈滿礫石的花蓮溪吹進陸地，濛茫幽邃的雲霧，也順着寬闊低窪的河床湧捲到奇塔山腳。入晚，疏疏落落的村莊，靜悄無聲。唯有「花蓮溪小吃」店附近，停滿了各型車輛。麻辣火鍋、花椒麵成了招牌小吃，生意像黑松牌汽水直冒泡兒。每個夜晚要忙到兩點以後才打烊。

春天，奇塔山喜鵲飛進「花蓮溪小吃」的庭院。庭院的廊簷下，一隻白胖貓晒太陽，聽見玻璃窗內傳出嗚哇嗚哇的嬰兒啼聲。胖貓睜眼瞅望，晃了晃腦袋，繼續打盹兒。外面小吃店內，幾個客人吃麵，聽阿眉講黃太太生下雙胞胎的喜事：她懷孕起，黃老師就給兒女取名字，男的叫海青，女的叫海若；嘻嘻！想不到海青、海若兄妹倆一塊來了！幾位客人哈哈大笑。

黃慕白比中了頭獎彩券還快活。時常一個人邊說邊笑。好，兩個孩子恰恰好。這是「一次革命論」。行，行……像精神病患者。

自從廖明主持川菜部以來，食客盈門，生意興隆，晚間客人飲酒猜拳，聲音嘈雜，使老黃無法睡覺。但是為了賺錢，也不敢得罪顧客，只有忍耐下去，等籌措相當數目的款項再買地皮建築「斷頭河飯莊」，那時住宅和飯莊隔絕，再也聽不到吵嚷聲音耳根清靜過起正常生活。

有個悶熱的夜晚，吵得格外厲害。十幾位拉木材的司機喝得滿面通紅，桌上杯盤狼籍。有兩個漢子扯起嗓門找小姐睡覺。兩個女侍應生嚇得躲進廚房，不敢照面。兩個醉漢摔玻璃杯砸碗罵老板不給他面子，若是再不親自出來賠禮他要放火燒房絕不留情。

廖明在廚房氣得火冒三丈，他想拿刀，被兩個侍應生團團圍住。紀登魁適巧回家。若是他在店內，再來幾個壯漢也不是他的對手。正在此時，黃慕白赤手空拳、汗衫、燈籠褲、黑膠鞋。昂然走進餐廳。坐在飯桌前的十幾個食客，頓時鴉雀無聲，有的怒目而視，有的退到牆角作應戰準備。酒不醉人人自醉，兩個摔玻璃杯砸碗的漢子，如今嚇得面色已變，關公成了曹操。

想當年，黃慕白是流亡學生編成軍隊。他爬吊桿、跳木馬、打拳、柔道。提起雄鷹部隊的黃副班長，誰不膽戰心驚？其實他是文質彬彬、帶有幾分神經質的人。慕白，仰慕李白也。從他的名字可以看出他咋是惹事生非愛打架的人？現在老黃握着百十多斤重的拳頭，瞪着充血冒火帶有殺氣的兩隻眼珠，似笑非笑地問：剛才誰找老板？嗳，我黃某人就是老板。哪個要燒房子？嗳，請你站出來……

武松喝醉酒後在景陽崗打死老虎，是作者以浪漫主義手法寫的。飲酒使人血醣下降，倦怠、思維不力，故有「我醉欲眠君且去」詩句。喝醉酒腦海昏迷，糊塗，它可以壯膽，卻提不起潛力。剛才那兩個藉酒裝瘋的漢子，張飛看刺蝟，大眼瞪小眼，縮起肩膀，誰也不肯露面。大概並未酒醉。

從飯桌後面走出一個中年人，笑盈盈地說：大水沖了龍王廟，一家人不認識一家人哩。你不是黃老師？還認得俺麼？蘇尚武。若是對方不露出他那濃重的開封話，老黃還真想不起來了。離別十年，房東的頭已禿光，變成影星尤勃連納。老黃急忙問：嫂夫人好吧？好，胖得跟老母豬似的快走不動了。老黃想起愛開黃腔的房東太太，笑起來。這時廖明也從廚房走出來，見了房東，話家常。蘇尚武得知錫純、湯蕙皆已過世，感慨萬端。他建議餐館經營多樣化，代售大陸酒、大理石工藝品，以及花蓮的農副產品。老黃默聲聽着。等蘇尚武一幫客人走後，老廖正式向他攤牌，決心做到月底為止。他要去臺北辦理出國手續去洛杉磯，有一家四海川菜館聘他作廚師。

為啥早不提辭職晚不提辭職今晚下定決心呢？黃慕白問他這句話等於白問。那兩個客人摔杯子砸碗等於拉警報，提醒了他。開飯館固然賺錢，但也招攬了三教九流五湖四海的達官政客牛鬼蛇神。黃慕白滿腦袋李白王維關漢卿蒲松齡怎能去應付新官僚？

黃副班長雖身材魁梧膂力過人卻難以對付黑社會人物。當初增開川菜部，老黃便猶豫不決。別做發財夢了，人心不足蛇吞象，還是賣牛肉湯、酸辣麵、包子饅頭，細水長流吧。斷頭河飯莊，當時通過這個決議就是鬧劇。這種違反中國傳統的名稱，誰敢前來吃飯、飲酒、請客或舉辦結婚典禮？即使「斷頭河飯莊」開幕，將來是吉是凶是發財是倒閉是如日東昇是日薄西山是賓客盈門是門可羅雀都是問號。

千里搭涼棚，天下沒有不散的筵席。

月底，川菜部結賬退股，關門大吉。廖明懷着沉重的心情，離開了花蓮溪；紀登魁因女兒病重，回了瑪里村；阿眉為了做生意，疏忽兒子管教，林溪的常識考二十分、算術鴨蛋，放學回家扔下書包玩彈珠打棒球爬樹抓麻雀下河摸小蝦，林紹臣和妻子商量，為了兒子、為了下一代，索性暫時不做生意，阿眉將川菜部、小吃部兩股退出，提着一小包鈔票回了家。

那年暑假，林紹臣偕同一位助手，沿臺灣縱谷帶了地圖資料實施田野作業。這個縱谷呈細長形，為臺灣最顯著的構成面貌。它在東部海岸山脈與中央山脈之間，長七十七哩，平均寬度僅有五至十哩。縱谷有三條沿谷底流動的河溪，秀姑巒溪流長二十六哩，自南而北流，然後突然折向東方穿過臺東海岸山脈注入太平洋。秀姑巒溪之北是花蓮溪，流長三十一哩。這兩條河口處均有小型三角洲，分別位於臺東與花蓮。秀姑巒溪之南則有卑南大溪，長五十二哩，它和花蓮溪背向而流。林紹臣跋涉了將近三週，受盡了日晒雨淋蚊叮蟲咬之苦。那晚在花蓮溪入海地帶紮好帳篷正要入睡，南施颱風挾着浪花順河床而上，將帳篷吹上溟濛幽邃的夜空，青年小陳沿河摸索了半個多小時，才尋聲找到了林紹臣，他頭部流血，神志模糊，僵臥在鵝卵石河床上。

忘了聽收音機……這都怪我……見了阿眉，告訴她……我這一輩子對不起她……我愛她、愛林溪……愛……花蓮這條……斷頭河……小陳抱起林紹臣的頭。他體重達八十五公斤，別說颱風強烈、大雨傾盆；即使月明星稀夜他也難以將林老師帶回花蓮醫院搶救。小陳，請轉告阿眉……我隱瞞了一件事……抗日戰爭時期……我奉父母之命結婚……我老婆叫王月娥，沒生育……我跟她也沒……啥……感……情……林紹臣的腦袋搭拉下來，他再也不說話了。因為他已停止了呼吸……

原來林紹臣在三年前便已寫了遺囑，封存在摯友黃慕白手中。他當面交給程眉拆看。遺囑有二項願望：一是希望將他的骨灰灑在花蓮溪，以紀念這條曾付出汗水和腦汁的斷頭河。二是等林溪進入中學，程眉最好擇配結婚。千萬別嫁給市儈氣息的詩人或藝術家；新官僚更應避免接近，以免傳染惡性毒菌。

程眉看了遺囑，抱頭大哭。她告訴黃慕白、梅月春、紀登魁和幾位鄰居，她決不遵照老林的遺囑行事。她要請地理師選擇風水最佳的墓地，面向花蓮溪，讓他永遠安息。至於再嫁，那是下一輩子的事。今生今世，她是山東人，也是花蓮人，她要等林溪進入中學再繼續開小吃店，維持生活。她決心培植兒子上大學、研究所，將來娶妻生子。她含飴兒孫，安渡晚年。

林紹臣去世，冷冷清清。他把畢生的精力投入研究花蓮溪，甚至為它而犧牲，卻未獲得學術界的肯定。因為他不是歐美留學生，也非學院派系，儘管不少青年學者享受他研究的成果，老林倒像一個老農夫，洒了汗水種植的禾稻，餵飽人類，但他卻默默而生，默默而終。黃慕白是老林唯一的歷史見證人，他看在眼裡，痛在心中，擦乾悲哀的眼淚，寫了一張申請退休單，專心經營「花蓮溪小吃」，賣陽春麵。章朋校長勸他再延長兩年退休，兒女小，物價像芝麻開花節節高，還是有一份工作才有生活保障。黃慕白熱淚盈眶，說出絕情話：我像清末的相聲藝人朱少文，我是「混吃等死，早晚餵狗！」

林紹臣去世的凄涼景象，使老黃下定決心退休。他失去了知友、兄長和導師，頓有孤獨寂寞之感。脱下西裝外套，穿上拖鞋。抹桌子、收碗筷，為客人端麵送菜，老黃眼看着變成老頭了。

花蓮溪這條被地理學家稱作斷頭河的水默默地流淌。它流過像蚯蚓又像蛛網的千百條細長河道，最後匯合成寬濶的浩浩蕩蕩大河，注入浩瀚無垠的太平洋。它是帶有包容與歸納性的河流：它既提供三十一哩兩岸農田作物的灌溉，也讓農夫婦女或孩童以及遍體泥垢汗漬散發臭味的水牛嬉水沖涼。時光潺潺地流水聲中溜走，當海青、海若騎自行車上中學時，黃慕白年已六旬，他可真已老態龍鍾、步履蹣跚了。

阿春起早睡晚忙孩子忙生意，樂此不疲。她從客人談話聽到海峽兩岸解凍消息，還聽到不少老兵繞道香港返回大陸探親。她既喜且憂，喜的是老黃少小離家老大回，了卻平生最大願望；憂的是丈夫告老還鄉，回到煙臺，誰給他煮飯泡茶捶背洗衣晒被褥買報紙用棉花棒醮着藥水搽屁股上的濕疹？她的心事藏在心底，誰也不知道。

其實黃慕白從電晶體收音機早已瞭解兩岸緩和情況。不久前，紀登魁赴山東即墨為父母掃墓，曾為他捎去一封家信，兩百元美鈔，紀登魁到達青島換成人民幣連同信件寄出。並且帶回老黃胞姐的信。信上說，煙臺目前商業發達，工廠林立，歡迎你回來看看煙臺新面貌。父母在六十年代先後病故，臨終仍呼喚白兒。老黃胞姐原在交通單位服務，前年老伴病逝，她也辦理離休，如今含飴兒孫，非常幸福。那日，黃慕白手握家信，撲通一聲跪在紀登魁面前，鼻涕一把淚一把說：謝謝你，老紀！我黃慕白有生之年忘不了你的大恩大德。老紀嚇得得手足無措，趕緊將老黃攙扶起來，眼眶噙着淚花：別難過。比起紹臣兄來，咱算是有福氣的。

這個秘密一直壓在老黃心裡。兒女不懂，阿春也不知道。拖到舊曆年關，老黃寫罷春聯，卻又用紅紙裁成牌位，握起毛筆，寫出六個柳體楷書：

顯 考
之神位
妣

除夕晚上，老黃在供桌前擺上香爐、酒盅、水果盤，再去點紅燭、斟酒，手持點燃的三炷香，帶着一對兒女走到庭院。他先焚燒紙箔，再肅立朝西北方膜拜，嘴裡不停地叨嘮着：爹呀娘呀，請您二老回家過年了。別怪俺不孝順，海峽兩岸不通音訊，您也許知道……回家吧，您看您的孫子孫女都這麼大了。光知道玩，功課不行……他一面叨嘮一面向客廳走，然後將三炷香插進香爐，向神位跪下去。

海青指着神位問：誰是濕姚考？

啥濕姚考？顯考妣就是爺爺奶奶。快跪下給爺爺奶奶磕頭。黃慕白說。

阿春急忙洗淨手，湊近丈夫身邊跪下，低聲問：磕幾個？老黃說，三個。阿春說，跟我們家一樣。

晚暮漸漸籠罩下來，燃罷鞭炮，黃家四口人圍在一起吃年夜飯。老黃端起酒杯就掉眼淚。海青海若不知父親心事，只管使筷子挾魚挾肉，低頭進餐。阿春輕聲細語，安慰丈夫：別想那麼多。過一天，算一天。你是幸運的，想一想林紹臣、蘇尚武，還有那個孟慶餘校長，他們比得上你麼？你若想回山東煙臺，等天氣暖和，我托二姐來咱家住個把月，照顧海青海若，我陪你一塊去。

唉！老黃長嘆，喝盡杯中酒。

若是蒲松齡、曹雪芹在世，受盡四十年海峽兩岸骨肉分離之苦，他們一定寫出一部感人肺腑的作品。老黃噙着淚花，挾起一塊粉蒸肉填進嘴裡。我有滿腹牢騷和怨氣，阿春，你難以理解啊。他放下筷子，眼珠泛起赤紅的血絲。要早二十年海峽兩岸准許來往，我還能抱住爹娘大哭一場……可我現在回去，我既不姓社，也不姓資，人家並不真心歡迎我，我是豬八戒照鏡子——裡外不是人。黃慕白咧着厚嘴唇哭了！

不准哭，過年不准哭！海青趕緊取紙巾，海若急忙拿濕毛巾，讓他擦淨鼻涕、眼淚。吃過年夜飯，這兩個孩子硬逼着父親唱歌，而且還得唱小時候學的歌。醉眼茫茫，黃慕白想起煙臺的黃昏海景，爹娘坐在沙灘，他和姐姐赤裸着腳從海水中走出來，手中捧着晶瑩玲瓏的小石子。爹喚他：白兒，俺教你唱軍歌。爹唱一句，他學一句，果然，黃慕白學會了父親在北洋軍閥部隊的歌曲：

三國戰將勇，
首推趙子龍，
長坡前稱英雄……

海青捂着耳朵皺眉頭，好難聽啊！我不要聽這種爛歌。海若也跟着哥哥起鬨，吵着要父親唱別的歌曲。老黃清理一下喉嚨，接過阿春端給他的茶杯，啜了一口，哼唱起來：

蘇武，老頭賣豆腐，
賣的不夠本兒，
回家打媳婦，
媳婦說，不怨我，
怨你給的多。……

不好！不好！這個歌真爛啊！什麼賣豆腐、打媳婦，老爸你要在我們學校唱這首歌，我們同學一定會笑死。海青氣得跳了起來，大呼上當。海若也噘嘴生氣。他們認為老爸胡亂唱歌，應付差事。這時母親走來打圓場：你們說爸爸唱的不好，我也贊成。現在輪到你們兩個唱歌了。一對雙胞胎兄妹互相嘀咕了一會兒，便齊聲高歌起來：

一時失志不免怨嘆，
一時落魄不免膽寒。
那通失去希望
每日醉茫茫，
無魂有體親像稻草人。
人生可比是海上的波浪，

有時起，有時落。
好運歹命總嗎要照起工來行。
三分天註定，七分靠打拚，
愛拚才會贏。

在充滿祝福的鞭炮聲裡，飄蕩起美妙的天使般的歌聲。黃慕白此時真的笑了！

海若有情

雨沙沙地飄洒着。

澎湖列島夏季落雨真是一大享受。涼爽舒服。即使雨絲澆溼了衣服和頭髮也無怨無悔。島上多沙地，雨落在沙地上，走起路來格外輕快，毫不拖泥帶水。

雨後的夏季夜晚，月亮從一塊濛茫幽邃的雲塊浮出，把山坡海岸廟宇漁村洒下一片潔輝。喬孟符只走過大江南北，卻無緣渡海踏上澎湖列島。如果他像我一樣來此，他會寫出夏季落雨的島景。風吹絲雨噀窗紗，苔和酥泥葬落花。捲雲鉤月簾初掛，玉釵香徑滑……元曲家喬孟符寫的江南雨景，比起眼前澎湖海峽波瀾壯闊的畫面，顯得小家碧玉，微不足道。

過去，流亡學校在湘南平原，春季正是細雨連綿時節。夜晚溜出去偷情親嘴，打赤腳，走泥濘路，兩人共撐一把油紙傘去五華里外的一座破廟幽會。雨嘩嘩下個不停，眼前是伸手不見五指的長夜。為了憐惜蘇林，怕她淋雨，我將雨傘儘量移向她；脊樑與臀部早已淋透，涼颼颼地，好不難受，更難受的是褲襠裡鼓鼓地隱約脹痛。一個不留神，滑了一跤，卻把胯間的脹痛症不治而癒。大抵金聖嘆毫無戀愛經驗。黑夜與女友幽會，天雨路滑，不留神摔在泥濘中，兩人徐然坐起，相擁親吻，卻吃下滿嘴爛泥。豈不快哉？

從廣州渡海來澎湖的航途，我和蘇林俯着欄杆，面對濛茫浩瀚的南海，想到過去甜蜜而辛酸的歲月，展望茫漠的前途，一直沉默無語。

于光，古人有句俏皮話，說得真好。

啥話？

黃連樹下彈琵琶，苦中作樂。

我發出一陣苦笑。

蘇林轉頭深情地望我，兩隻烏黑的眸子閃爍着越軌的光焰。即使是苦中作樂，也是幸福。她說着低下頭，夠一輩子回味的。

雨沙沙地飄灑。海灘上異常寧靜。昏弱月光下，偶然發現小蟹在沙中奔走。晚空的雲絮如島影，東一塊、西一塊，星光像螢火蟲在島嶼間穿梭飛舞，讓我眼花撩亂。海岸邊有一個荒廢已久的暗堡，想它是日軍盤據時期所建。暗堡周圍儘是野菠蘿、木麻黃，不僅使人辨不出入口，甚至難以認出它是軍事暗堡。沿海怪石嶙峋，浪花飛濺，因此讓人望之卻步。從我發現這座桃花源，便偷偷告訴了蘇林，每逢她在病房下了大夜班，沖澡、更衣，便悄悄到海岸和我偷情幽會。套用蘇林的一句話：「黃蓮樹下彈琵琶，苦中作樂。」

每次夜晚出去幽會，我總會沐浴、漱口。換乾淨汗衫短褲，外披黑色塑膠雨衣（黑色具有隱蔽作用。古時俠客夜行衣皆黑色，故來無影，去無蹤也）。有時月色皎潔，我手執竹竿，仰望長空，確有最高統帥的風姿。這是有一次蘇林在遠處發現我的背影而說出的。

暗堡，不對。洞房靠射擊口有一塊潔淨的石板，長方形。昔年日軍用以放置機關槍和彈藥，如今卻成了我倆的睡床。初次在此親嘴摸乳，心中還有點膽怯。按照東方民族傳統風俗，初抵異地，應該買點香燭紙箔，向暗堡附近的孤魂野鬼祭禱一番；可是轉念又想，我既不懂荷蘭話、日本話，甚至連台灣話也聽不懂，我咋能和鬼魂對話？等我倆抱在一起，兩隻赤裸裸的返歸自然的青蛙，夢裡不知身是客，一晌貪歡，卻忘卻洞房內外的孤魂野鬼了。

那個雨夜，蘇林紅潮剛過去一週，性慾亢進。她滿足地提出一個疑問：我跟你這麼久，莫非也患了肺結核病？我茫然。她說，因為肺結核病患者，sex是異常強烈的。聽罷蘇林的話，我哈哈笑了……

七月，澎湖列島乾旱、缺水、燠熱的季節，陸軍建新部隊忙於訓練、修築工事、清查共諜，每一位領導幹部熬盡心血要把八千名山東流亡學生改造成戰無不勝攻無不克的國民革命軍。那段歲月，我是機槍兵，白天累得像牲畜，晚間還要接受政治審查，因為被捕的一個煙台聯合中學同學，誣賴我在湖南藍田時期看過高爾基的小說〈母親〉，並且是新民主主義青年團預備團員。審來審去，我拒不承認。我沒看過〈母親〉，也不是什麼預備團員，事實上我連這個組織名稱都不和道。正當我要被解押赴馬公的前夕，于家的祖墳冒青煙，我竟然在午飯時咯血，立刻被抬到野戰醫院。

臥在破廟改建的病房，我從昏睡中睜開眼睛，發現站在床前的一位白衣天使，閃着淚花向我微笑：于光，你得救了。安心住在這裡養病吧。

我驚呼一聲好蘇林，哭了……

哭啥？你應該笑。她壓低了聲音。……張敏之校長、二分校鄒鑑校長、劉永祥、譚茂基、明同樂、張世能、王光耀、王子彝、尹廣居……他們都被捕了，凶多吉少……你咯血也許是胃出血，不要緊。王大夫在診斷書上寫的是「活動性肺結核病」，你用不着再回連隊了，你的薪餉補給從下月起就轉到醫院，咱倆永不分離啦。

我像一株遭受颱風摧殘的野菠蘿葉，經過陽光的撫摩與海水的灌溉，葉脈日漸復甦舒展開來。傍晚，我默默端著一搪瓷杯開水，走出悶熱陰暗的病房，向那開闊的沙灘追逐落日。過去我對澎湖的印象可說一片模糊。我只記得台灣糖，甜津津，甜在口中苦在心——這是從小學國語課本上學來的。後來進了中學，才知道甲午戰爭後，日本強迫清政府締結馬關條約，割讓台灣全島及所屬各島嶼、澎湖列島和遼東半島給日本。

如今我踏上這塊土地，卻受到痛苦與災難。坐在柔細的微熱的沙灘，看遠方的點點漁舟，若隱若現。我恨不得插翅飛向浩瀚的海峽內的漁舟，請求漁工趁風平浪靜將我送達福建沿海靠岸，即使他們把我以反動派治罪，我也心甘情願。活到二十出頭，卻經過八年抗戰和四年內戰的流浪歲月；海鹹河淡，我已把人生嚐遍，實在活得有點厭倦了……

淚眼朦朧，我彷彿看見前面走來一班背著洋槍的兵士和團丁，後面是一輛沒有篷的囚車。幾名短衣大漢押著一個身穿洋布白背心、上面寫有黑字的死刑犯。忽然，死刑犯臉紅脖子粗地吼叫起來：阿Q向各位鄉親道別……再過二十年又是一條好漢……一陣漲潮的浪花聲，湮沒了阿Q的吼叫。我悲哀地垂下了頭。

那晚，我原來決心跳海自殺，但是無意之間摸進那座荒涼的暗堡。走了一圈，又從暗堡走出。月光下，一位長髮女郎站立海岸。

誰？

于光。

你跑這兒來幹啥？

自殺。

澎湖人對咱們這麼好，你還要葬身海邊污染海水嗎？蘇林氣咻咻地，聲音帶着顫抖：姓于的，你要記住，澎湖百姓崇拜媽祖，即使他們受苦受難，也不會朝海裡跳，那是罪惡！

面向浩瀚而朦茫的澎湖海峽，跪了下去。我不禁悲從中來，嚎啕大哭…………

八月中秋月圓，澎湖列島的風季開始，嗚嗚地強勁的海風要吹到翌年三月方才罷休。臥病在床，凝聽窗外風聲，如歌如吟、如泣如訴、如喧嘩如細語，如哀求如控告……你想它說啥就是啥；風聲可以伴你入睡，風聲也能使你失眠到天明……

海島的月亮格外亮又格外圓，讓我看了心中發慌。捫著胸口默聲數，1234……每分鐘最少跳一百二十次，像參加萬米武裝賽跑剛衝到終點，也像在暗堡青石板上跟蘇林肉博兩回合之後……蘇林說在海邊自殺對不住澎湖父老，可過中秋醫院有三名病號攀上高處跳崖自殺。他們都是二十出頭年紀，會唱長亭外古道邊芳草碧連天，也會唱蘇武牧羊和中國一定強……現在，他們長眠在野戰醫院後面的野菊坡上。一年來，這三個小青年背著行囊，辭別爺娘，從煙台、上海、杭州、湖南、廣東，最後渡海來到澎湖列島，不願投筆從戎，憤而跳崖輕生。這豈不給予建新部隊官兵留下茶餘飯後的談話材料？

坐在月下的海灘，看那粼粼閃光的波濤，我湧出逃亡的慾望。我從小煙台海邊長大，九歲進小學剛會唸「來來來，來上學；去去去，去游戲」。我便開始跟爹出海捕魚、撒網。在波浪滔天的黃海，西起盛產粉絲的龍口港，北至長山八島，東到甲午戰爭紀念地劉公島，在那方圓二百浬的海域，提起船老大于老黑，討海人總會翹起大拇指頭讚揚一句：論水性，這傢伙比〈水滸傳〉上的浪裡白條張順還強！

父親為培植我成為船老大，親身教我游泳、駕小船，和風浪博鬥。我在煙台的游泳運動會真出盡風頭，十幾年獲得的錦標、銀盾和獎狀，擺滿船艙。俺爹抽著旱菸袋，嘴裡嘟囔熊話：什麼蛙式、自由式，都是花拳繡腿，不當屌用！別看我年過半百，吃飽喝足下海朝崆峒島游，我游狗爬式，看哪個吃豹子膽的敢跟俺挑戰？

雖然我的肺活量比不上爹，從牛心灣下海，若是風平浪靜，我一口氣也能游到馬公。上岸，換上便衣，鑽進離港的貨船或客輪，我就會脫離苦海。這個潛在的本事只有天知道、海知道，蘇林知道；可我卻捨不得脫離苦海，因為蘇林也在苦海生活。

當初我跟蘇林也是在煙台海水浴場相識而相戀的。我的另一個秘密她也知道：為了怕在流亡途上被抓兵，我在學生證填的是十七歲，其實我已二十三歲。瞞了六歲。目前軍人補給證上的年齡，我十八歲，蘇林十九歲。我倆每談起年齡的事，皆拊掌大笑。

在漫長風季中，許多令人心悸的消息，從海峽的浪花湧捲聲傳播而來：為了鎮壓流亡學生反抗情緒，編造羅織共諜罪狀，以寧錯殺一千而不放過一人的手段，在建新部隊進行拘捕審訊工作。有的用漁船押往桶盤嶼；有的押送基隆，轉解台北保安司令部；有的索性裝進麻袋，封口，趁月黑風高夜出海，丟進滾蕩的浪流中。

那晚，我和蘇林在暗堡幽會。她沈默無言。半晌，她摸出一支香菸，划着火柴吸起來。

啥時候學會吸菸？我厲聲責問她。

昨天。她冷靜溫和地說。

為啥？

李寒梅、張靜然、曲敬香、曲宜淑都被抓走了。這些雜碎誣陷她們是共產黨潛伏份子。我想，說不定有一天會來抓我……

我的心噗噗直跳。

逃吧！眼前一片汪洋大海，即使插翅也逃不出這人間地獄啊！

躺在青石板上，摟抱起蘇林赤裸的胴體，朝射擊口外的濛茫幽邃的海洋眺望。我腦海浮現出一個奇蹟，那是小時候在武俠小說或小人書上所獲得的印象：一位武功高超的俠客抽出寶劍，向大海一揮，海峽之間立即出現一條寬闊的大道。許多山東流亡學生，滿懷「青春結伴好還鄉」的雀躍心情，離開澎湖列島，重回母親的懷抱……我的眼淚不由地奪眶而出了。

來吧！她摟緊我的頸子，一隻肥腿搭在我身上，歇斯底里，語無倫次。趁還活著，及時行樂。夫天地者，萬物之逆旅。光陰者，百代之過客。而浮生若夢　為歡幾何？于光，我有一種預感，咱倆不久就會分手，你應該心裡有個準備……

你想甩掉我？

蘇林默然。黑暗的暗堡內，原是寂靜的。如今揚起一片男女喘息和呻吟。我咋捨得甩掉你？……她終於說出話來：可是，我心裡害怕……發慌……毫無安全感，就像小船在海裡一樣，老是怕翻船……

我用嘴巴貼近蘇林的耳朵，誠懇地說：有我在你身邊，啥也甭怕。我會全心全意愛你，一直到死！她急忙用手捂住我的嘴，不願聽晦氣話。臨分手時，我將帶來的煮花生、橘子給她。趁月亮鑽進深厚的雲層，她消失在朦茫幽邃的夜幕中。

每到深夜零時，澎湖列島開始停電。病房中央掛了一盞馬燈，燈光晃晃悠悠，忽明忽暗，招引了不少蚊蚋蜉蝣繞燈飛舞，讓人看得眼花撩亂。病房內散發出淡淡的酒精氣息。我神不知鬼不覺輕聲鑽進草綠色蚊帳裡。朦朧間睡了約莫半個多小時，聽得窗外有人低聲說悄悄話，夾雜一陣戲謔的笑聲。根據以往的經驗，每值夜闌人靜，醫院的一些老病號夜貓子，閒來無聊，三五成群，相約去漁村窺探春光。這些病號患心肌梗塞、肝硬化、關節炎等慢性病，都是三四十歲老兵油子。他們曾拋棄田園親人，跋涉萬水千山，參加數不清的戰役。由於生活過份單調，也從未嚐過愛情的甜蜜，因而心理不甚平衡。海島上漁民用嘮咕石、瓦片修砌的牆壁，年代稍久，則呈現剝落現象。夜間，臥房的嬰兒啼哭、婦女更衣，甚至打魚漢子和女人做愛，隔著牆，趁油燈閃爍時看得非常過癮。

我曾跟隨兵油子到漁村摸黑去過一趟。適逢月黑頭，半道踩了一腳牛糞。由於那晚時辰不吉利，跑了十幾家。有的熄燈熟睡，有的婦女做針線活兒，僅有兩户男女裸體辦事，但在僧多粥少的情況下，每人輪流窺探三分鐘。輪到了我，只看見男的以紙在胯間擦穢物，女的掩被休息。這好比買票進了電影院，卻見銀幕上呈現「劇終」二字。真是窩囊透頂。

于光！……于光……起來！

有人喚我，拽我的蚊帳。翻了個身，我睹氣說：這麼晚了，我要睡覺！

起來吧！

我轉頭睜眼一看，原來是肺氣腫患者老魏。他是去漁村窺探春光的領導人。當了十八年兵，因為常患病，渡海來澎湖才升了上士班長。他原籍山東即墨，跟我老鄉，俺倆相處不錯。每次發餉，他總買兩盒新樂園香煙塞給我。少抽，咱倆都是肺癆鬼。把身體保養好，將來還得回山東老家呢！

我一邊穿衣服，忍不住問：這麼晚了，還去看那個幹啥？若是往日，他一定發笑。他最愛笑，何況幹這種丟人現眼的事情？但是老魏並沒有笑，只是站在床邊傻楞楞地等我。

出了病房，我發現遠方村道上有幾個人影。不用問，那都是志同道合的難兄難弟。老魏帶我向前走，他手中的電筒，忽前忽後打亮，唯恐怕我跘跤，卻一直沉默不語。

穿過一片嶗咕石圍牆的菜園，老魏逕朝海灘走，這倒引起我的疑懼。

你去海邊看啥？我問他。

今晚上咱們在海邊……聚合。老魏支吾以對。

果然，我發現那座荒廢已久的暗堡附近，站立不少揹槍的軍人。眼前一陣發黑，我的腿肚子不禁軟了……

潮水嘩啦嘩啦沖擊著沙灘。上弦月迅捷地躲進雲層，不願看人間的醜劇。我的雙手被扣上手銬，坐在沙地上，正接受一位軍官的審問。四週站著十幾名哨兵，虎視眈眈監視我，將我這個肺癆病患者看作江湖大盜，好笑！

那位審問我的操豫北口音，暮靄濃重，看不清面貌，但從體型看起來像滑稽演員韓蘭根。他坐在一個小帆布椅上，瀟洒地從胸前掏出一支手槍，喀嚓一聲裝入子彈，然後擱在青石塊上。于光，我這支手槍是誠實手槍，若是你回答一句假話，子彈就自動射擊。嘿嘿，聽說你們信仰唯物論，不信這一套，那你就試試看吧！

抬頭仰望夜空，我不禁想起了煙台海灘的夜景，烏雲趁風湧捲，海偶吹著蛤蠣肉色的浪花，一片寂寞，萬古如長夜般的寂寞。

我不願跟你蘑菇。打開窗户説亮話，你啥時候參加的南下工作團？介紹人是誰？于光，人證物證我都有，只要你扯半句謊話，子彈就會穿進你的胸膛。

我想笑，笑不出來；最後卻哭了……。

哭啥？後悔了是不？韓蘭根點上一支煙，得意地說。

我止住哭泣。沉緩而有力地說：我後悔，一百個後悔……可是後悔已來不及了！

你後悔啥？是不是……韓蘭根迫不及待地問我。

我後悔跟山東流亡學校來澎湖！我用最大的聲音，朝着無情的澎湖海峽吼叫。他迅捷地摸了一下手槍，但卻又縮回手，韓蘭根壓低聲音，像王大夫對病員講話一樣，溫和而慈祥。他說：你來澎湖是對的。千萬不要後悔。于光，你要是跟解放軍當兵，得了肺病，他們早把你活埋了。你思想左傾，大概是看過共產黨的書吧？

我的心軟下來。熱淚盈眶。我說：為啥你們老誣賴我是共產黨，南下工作團？我已經坦白過好多次。俺爹是打魚的，從小家裡窮。我九歲才唸書，喜歡文藝，看過魯迅的〈吶喊〉、〈彷徨〉、老舍的〈駱駝祥子〉……韓蘭根打斷我的話：羅訓，是不是羅副師長的羅？訓練的訓？我認識這個人。過去羅訓在安陽縣政府當兵役科長，我常跟他打交道……不過，這傢伙是作家，我倒沒聽說過。韓蘭根摸出煙盒，重燃上一支吸。他說：並不是誣賴你，是就是，不是就不是。咱們整個大陸江山都快丟光了，只剩下台灣、澎湖和東南沿海的小島，若是再不清除匪諜，那咱們只有跳海了！唉。于光，我的話對不對？

對。對。我連忙向他點頭。

潮水依舊嘩啦嘩啦直響。夜深，似有涼意。走來兩名哨兵解開我的手銬。韓蘭根走近我，拍我肩膀叮囑說：今晚上的事，保密。要注意野戰醫院的可疑人物。你若發現醫官、護士有不正當言行，隨時報告魏班長。好，你回去吧！

舊時代膠東農村小孩，若是未出過痲疹，爹娘心目中的兒女還是未知數，那時農村生活艱難，缺醫少藥，小孩出痲疹死亡率極高；受過這次驚嚇卻像出痲疹一樣。從海灘接受審問回來，我心中總是疑神疑鬼。好比我是剛被吳媽趕出來的阿Q，不管走近內科外科精神病科甚至手術房，遇見的大夫護士都成了未莊的婦女，用異樣的眼光瞅望我，好像怕我跪在他們面前央求跟他們做愛。

那晚發了薪餉，魏班長拉我去漁村小吃店喝酒。兩碟鹹花生來、豆腐乾，打開一瓶米酒，我倆邊吃邊聊。他對建新部隊製造白色恐怖鎮壓學生表示不滿。從他的談話中透露已有二三百人被捕，清一色是煙台聯合中學學生。因為在廣州曾講妥，政府為了搶救八千名山東流亡學生，決定將師生接運來澎，凡高中同學施以半軍半讀，初中及女同學均繼續讀書；但是到了澎湖不久，建新部隊長下令除少數年幼及女同學進入學校，其他男生一律強迫編為軍隊，所有山東流亡學校負責人儘管內心不滿，卻抱着明哲保身的態度，沉默無語，充耳不聞。唯有煙台聯中總校長張敏之挺身而出，為山東青年抱不平。因此建新部隊領導人羅織反動罪名，逮捕反抗份子，造成風聲鶴唳的恐怖氣氛。

魏班長的嗓門特高，大抵是從喊口令訓練出來的。讓我聽得毛骨悚然。我壓低聲音把話繞遠，過去在故鄉時，常在茶樓酒肆的牆壁上貼有「莫談國事」標語，那是店家為了免招意外的政治麻煩。老魏聽了哈哈直笑。你們學生出身就是膽小、怕事。小于，丘八跟丘九不同。穿着二尺半，怕個屌？他哈哈大笑起來，舉起酒杯，乾了這一杯，咱回去睡覺！

夜間風大、雲厚。摸索着山路向醫院走。魏班長酒意已醒，他勸我把病治好。準備功課，投考軍校，才會脱離苦海。魏班長仰起頭瞅望剛出烏雲的月亮，凄愴一笑：俺這一輩子好有一比——剃頭的拍巴掌，完蛋啦！他的話使我感到無比沉重難過，像在我胸口塞了一塊嘮咕石。我想勸慰他，卻找不出貼切的話。直到快分手時，我才故作瀟洒對他説：人來世間，也不過七八十年，只要活得痛快自在就是有福之人。魏大哥，別想那麼多啊！他轉過頭來，激動地握住我的手，結結巴巴地説：回去就睡覺，兄弟，別胡思亂想。這年頭只有傻子瘋子才是有福之人啊！

我在盥洗室抹了一把臉，就摸索鑽進蚊帳內就寢。半夜注射針藥，我才恍悟是蘇林當值大夜班，她輕聲埋怨我有酒味，是否故意麻醉自己，了此殘生？我默然不吭聲背過臉去揉針眼兒。不答理她。她竟用手指頭狠狠地在我胳臂上擰了一下，使我既不敢笑也不敢叫更不敢吭氣。最後蘇林端著藥盤走了。

聽人勸，吃飽飯。魏班長的叮嚀話，時刻記掛在心。從內務包找出發霉的書本，代數、三角、解析幾何學、歷史、地理、博物、英文，每一天翻閱一下；為了準備考試，我去中山室借閱三民主義、時事週刊，以及宣傳反共革命形勢的刊物。老魏見我有上進心，當然喜不自禁，但是蘇林卻以疑惑的眼神審視我，使我感到惶恐不安。我愛蘇林勝過愛我自己，若是她拋我而去，別說考軍校爭取光明前途，即使活着還有啥意思？我曾約她多次去海邊暗堡會面，她總是失約。於是我暗自下定決心，不再和她搭訕。屠格涅甫說過：若是一個女人中了你的意，你得想盡方法追上她。如果你發現她將棄你而去，趕快掉頭回來，因為海裡的大魚多着呢。

那天晚上月亮格外圓。走在柔軟的沙灘上，心裡卻像壓了一塊鉛那麼沉重。眼前的濛茫的澎湖海峽，非常平靜，甚至連海風也輕微拂過。從上次魏班長把我帶到這兒接受審問，我已很久未來海灘散步。上次身穿汗衫，而今晚卻身披裌克，仍有涼意。

我坐在海岸一塊岩石上，靜默地端望大海。海似有情，卻又無情，若是有一條舢板，我憑着從小培養的駕船技術經驗，不過十天左右便可到達煙台港。我想念煙台，想念故鄉的親人，特別在今晚過生日的時辰，我想家想得幾乎發狂。若非我繫念着蘇林，否則我一定跳海自殺……

遠處好像有人走過來，沙沙地，腳踩在沙地上的聲音。我並不回頭，我既不犯法，又未帶武器彈藥，晚間在海濱閑坐，大抵也構成不了通敵罪狀吧。

仰頭，我發現一輪明月正從一堆烏雲滑出，月光在大海洒下一片水銀色，比那影片上的景色更美。

驀地，身後揚起一個女人的款聲，那聲音如歌如泣，如哭如訴，讓我聽得心如刀絞般地難過。

「祝你生日快樂，祝你生日快樂……」

我倆坐在柔軟的沙灘上，看星星，看月亮，看墨綠色的無情悔。誰也不願先講話，好像有默契，不要打破這寧靜的月夜氛圍。

若是建新部隊不採取高壓手段把我們編成兩個團，剃光了頭，換上草綠色軍裝，那是多麼興奮的澎湖之旅？即使家有良田千畝騾馬成群，逢上這戰火紛飛的年代，想來湖湖真比登陸月球還難啊！若是李清照辛稼軒蒲留仙也有這樣的機會，從廣州搭海輪乘風破浪來到澎湖，他們一定寫出優美真摯的文學作品。為何我們怨天尤人愁眉不展一天到晚夢想着逃出樊籠呢？過去那位審訊我的韓蘭根批評山東流亡學生「人在福中不知福」，我暗自冷笑，認為這傢伙信口開河胡扯八道；若是客觀想一想，古今以來，多少青年投筆從戎毀家紓難，甚至捐出了寶貴的生命；為啥我們如此自私懦弱愚蠢頑固呢？……這些充滿矛盾的問題，我曾躺在病床上翻來覆去思索幾十百遍，邊想邊笑，邊想邊流淚，莫非我真的是幸福？像一個精神病患者，始終作不出總結。

月亮穿出雲層，海峽亮堂了，沙灘亮堂了，我的心也亮堂了……

蘇林。我把胳臂搭在她肩膀上。為啥人家常把壞事變成好事，咱這邊卻將好事變成壞事呢？她尋思了一下，笑了。她說：要不是這樣笨，怎麼會丟了大陸？蘇林轉頭端望我，柔聲細語地說：別想那麼多，先把自己的問題解決。考軍校，是一條正途。老實說，我並不希望你住醫院，任何人在這兒呆久了，都會變得死氣沉沉、老氣橫秋。再說，我……調……職……了……啥？我嚇了一跳。你調哪兒去？

防區司令部醫院護理官，佔少尉缺。

恭喜你。蘇林。

你恭喜我是真心還是假意？蘇林一聲苦笑。

海潮嘩啦嘩啦沖刷着寧靜的沙灘。月亮鑽進黑色的雲塊，海漆黑一片，眼前的景物盡被黑暗吞噬了。

蘇林默默地脫去裌克，鋪在沙灘，然後脫下長褲……于光好于光，今晚上我讓你玩個痛快，作臨別紀念吧……她聲音發出輕微的顫抖，似有涼意，好像悲咽，使我心驚肉跳。我趕緊制止她脫內褲，並將沙地上的裌克披在她身上……半晌，蘇林終於發出啜泣聲……

月涼如水，我假稱自己頭痛欲裂，要回去服藥。蘇林只得怏怏而返。

翌日，蘇林便在野戰醫院消失了蹤影。雖然有人看見蘇林清晨坐舢板去了馬公，同時佈告欄也貼出她調職命令，接替她職務的是防區醫院一位護士；但是卻謠傳蘇林已經被捕，因為她在煙台陷共時期參加了「兒童團」。我聽了非常緊張，便去找魏班長問個明白，他也丈二和尚摸不着頭腦，只是答應我去打聽一下，可是這種屬於政治機密事情，他上哪兒去打聽呢？過了半月左右，魏宇琦去馬公出差，特地到防區醫院看望蘇林，才知道蘇林從未報到，她離開原單位渡海到馬公，當日下午便搭客輪去了台灣，而且是被押解走的。

海風愈吹愈緊，海風統治了荒漠的海島。從蘇林走後，我再也不去海邊散步，每天除了躺在病床睡懶覺，偶而到中山室翻閱一下報紙，看來的也都是讓我心灰氣餒的清息。建新部隊選出一位克難英雄，代表全師搭飛機赴台北參加國軍英雄大會，孰料這位仁兄到台北一下飛機，脱去軍裝，溜之大吉。這件糗事對英雄給予極大的諷刺。也為寂寞的澎湖冬季帶來一片歡樂氣息。

好事不出門，壞事傳千里。通信連的一位啞巴，半年沒吭氣，等他潛逃台灣後，卻作了廣播電台播音員；一一五團砲兵營一個兵，跳木馬受傷瘸了腿，送到台灣治療中途脱逃，如今在台南蹬三輪車，兩隻腿跑得比誰都快；師部補給組一位士官患夜盲症，不幸失明，他在中秋節夜晚潛入碼頭登上一艘駛往基隆的貨船，瞎子如今在台北一家報館當校對……這些笑話、軼事和秘史，是一帖清涼劑，喚醒當時困在澎湖列島八千齊魯兒女的靈魂：留得青山在，不愁沒柴燒。只要活着就有希望。千萬不必跳海上吊割腕吞老鼠藥自殺，那將會對不起天地父母國家民族而成為千古罪人！

雖然海風封鎖了海上舢板往來，年關將屆，豬肉粉條白菜蘿蔔，仍舊陸續運到醫院。除夕，我喝了半瓶紅露酒，鑽進被窩睡覺。有人喊去沙滂村看電影，師部政工隊在放映美國電影，洋婆子的大奶子鼓溜溜，眼睛吃冰淇淋真過癮。我懶得去沙滂村喝海風看露天電影，海風吹得布幔直幌悠，有時人的鼻子眼睛嘴巴擠在一起，也有時人的兩條腿比吊桿還要長，活像黑白無常。再說坐在地上看電影，簡直活受罪。誰願去誰去，我寧肯在病房睡覺。……不知是啥時間，反正我也沒有手錶，我被一泡尿驚醒。剛下床，有人輕聲走近，輕描淡寫地說：魏班長輸慘啦。金鎦子手錶都輸光了。我看他臉像黃裱紙似的，真可憐啊……我嚇了一跳，問：魏班長回來了？他一邊脫外套，依然和風細雨地說：他怎麼回來？要撈本啊。只有贏了的人才知道回來。小于，你去勸老魏回來吧。他在村頭阿桂家賭錢，賭一翻兩瞪眼的牌九。

我披上棉袂克，急忙去便所撒尿，轉回病房見室友已睡，我從枕頭下面翻出錢包。那是我省吃儉用積攢下來的將近半年的薪餉，當初原打算為蘇林買首飾衣服皮鞋結婚用，自從蘇林不告而別，音訊全無，我這些積蓄也只有等來日離開澎湖列島作生活費用了。如今魏班長遇難，我能無動於衷、見死不求麼？

除夕夜晚寒風料峭，我緊裹棉袂克，踏著朦朧月色朝村裡走。繞過一座野菠蘿坡，我已看見阿桂家的窗户中穿過嘮咕石圍牆瀉出的燈光。阿桂是醫院的清潔工，她一天到晚勞動，無怨無悔為了掙一點錢和我們這些病患在一起。有位肝炎患者將吃剩的餅乾拿給阿桂女兒吃，結果她女兒得了急性肝炎。為了這件事，王大夫不准任何病員給阿桂小孩食物。後來那位肝炎患者送給阿桂女兒一個金戒指，阿桂感動地哭了。這件軍民團結的新聞刊登了馬公〈建國日報〉。

走進阿桂家院門，我嗅到一股血腥氣味。堂屋燈火通明，煙霧瀰漫，許多人圍在一張八仙桌週圍，正鬧哄哄地賭小牌九。「莊家」是一位四十出頭的中尉，同字臉，濃眉大眼，看他胸前佩戴的符號便知是當地砲台「地頭蛇」。因為建新部隊幹部，紀律嚴明，學術科操練繁忙，即使春節假期，他們也不敢溜到民家聚賭。我朝四週掃了一眼，這賭客中有一半是我們醫院的病號。至於流亡學生兵，也僅有我一人而已。

你來幹啥？坐在「天門」的魏班長，猛抬頭看見我，吃了一驚。他的聲音帶有責備的意味。

睡不着，想來押兩把。我故意講內行話，藉此紓解別人對我的戒備心。

中尉朝我瞄了一眼，油腔滑調地說：趕緊押吧。老弟！打骰子有錢。

你的話當真？我不客氣地問。

你押多少？中尉楞了一下，右手撂下握起的兩顆骰子。低頭看他面前堆起的鈔票，不用問，莊家今晚是大贏家。

我不慌不忙，從棉袂克袋掏出錢包朝「天門」一丟：「押二道！贏了老魏拿走！」

隨著魏班長的喝止聲，中尉驕傲地掐起兩顆骰子，擲出了七點。「天門」的賭客不敢取牌，魏班長垂頭不語，在形勢比人強的情況下，我只得拾起桌上的前面兩顆牌。我悄悄摸了一顆是「地牌」，吃了定心丸。再繼續摸另一顆牌……莊家捂拳看牌，露出笑容，把兩顆牌往桌上一放，天字九，吃三道！我的心噗噗直跳，手指顫抖，摸手裡的牌似六點又似七點，如果不是八點。這把牌九準輸。是兒不死，是財不散，我是為解救老魏困難而來，並非為了賭博。我迅捷地亮出了兩顆牌，四週的人齊聲吼叫：地槓！中尉的同字臉綠了！他賠盡了桌面上所有現鈔，同時還賠出一包衣袋的嶄新的鈔票。最後緩緩地站起，他把牌九向前一推，皮笑肉不笑地說：「我不推了，改天奉陪。」在一片祝福聲中，我像凱旋的英雄被十幾個病患前呼後擁，走回醫院。

雨沙沙地飄灑。我已有這種經驗，住在海島夏天落雨既涼爽又舒服。可我心裡毫不舒服。雨點飄進我的嘴裡，鹹鹹的，黏黏的，那不僅是雨點，還摻合了熱淚鼻水和汗汁。我和魏班長提著行李捲併肩走，走過前面野菊坡就是碼頭，我要趕十時四十分的機帆船去馬公，轉赴台灣，我已考取陸軍第四軍訓班，集訓地是鳳山。

後面，十幾位病友為我送行。這些人患肝硬化肺氣腫關節炎夜盲症心肌梗塞，這些人是茅坑的石頭又臭又硬，勸阻不聽，他們非要把我送到碼頭親眼看着我扛行李捲上船，好像我是啥了不起的人物。說起來臉紅，即使我在為期半年的受訓期內，不記過、不淘汰，風平浪靜過關，將來分派陸軍連隊也只是准尉見習官而已。

我幾次勸阻他們回轉，他們不聽勸。魏班長說：讓他們出來散散心，呼吸一些新鮮空氣也好。

雨點漸稀，老天爺看到這十幾位拄拐杖的老病號，也湧出了憐憫心腸。

魏班長邊走邊訓話，我不住地點頭，把他說的每一個字都咽進肚子裡。

到了那邊，你要遇上困難，趕快寫信告訴我。我來想辦法。我在阿桂家養了一隻老母豬，他奶奶的，光會吃，不會生小豬。他齜牙笑了。

我覺得嗓子眼兒一股灼熱。便問：你是即墨啥地方？

唉！我是即墨縣城南第三區魏家村。你問這個有啥用？我這一輩子恐怕難以回去了。咱總統說五年之內帶咱反攻大陸，可我還能活五年麼？不瞞你說，我不光肺氣腫，我還有肝硬化毛病。他說着停住腳步，一隻手折開汗衫說：于光，你摸摸我的肚子多硬？……等我看見碼頭時，聽得魏班長哼起了流行歌曲：「你若要想嫁人，不要嫁給別人，一定要你嫁給我……」他唱得荒腔走板，滑稽可笑。可是我不僅笑不出口，而且還想抱頭大哭一場！

通過碼頭檢查哨，兩位執勤憲兵驗過我的文件，並不放心，又打電話查問，拖了二十多分鐘，才准予放行。這時十多位病友圍住我，握手道別。魏宇琦從衣袋掏出一只手錶送給我，並代表全體送行人致詞：我們十六個老哥們送你一塊手錶，有兩個原因，咹，第一個原因，你沒有手錶……機帆船升火待發，水手準備收纜繩。老魏依舊處變不驚，不慍不火地說：這第二個原因，于光，你愛睡懶覺，毫無時間觀念。咹，所以……汽笛鳴起，我熱淚盈眶背起行李捲上船，我的心已碎了……

我離開澎湖第二年，魏班長因心臟病去世。那時我在湖口參加軍事演習，難以請假返澎湖為他送葬。四十多年過去，走遍台灣每一座城市鄉鎮，卻終終尋不到蘇林的影子。至於當年送我上船贈我手錶的十五位病友，如今都長眠於醫院附近野菊坡。

雨沙沙地飄洒。雨聲、雨的氣味，走在沙地上的觸覺，非常熟悉。沿石階步下野菊坡，眼前的海景也是同樣熟悉。四十多年後來此猶如重溫舊夢。海岸那一片濃鬱的野菠羅、木麻黃，更煥發了青春。只有隱密掩蔽其中的暗堡受到長年風吹雨打，如今已湮沒塌陷無人問津。過去，我和蘇林在暗堡偷情幽會，幹出了「黃連樹下彈琵琶，苦中作樂」的蠢事。這些已成為秘史，只有岸邊的岩石知道。

舉頭仰望濛茫的秋空，往事有如雲煙，我已欲哭無淚……

走過泉城

每當我回憶起兒時的泉城生活，恍如昨日。我站在母親面前，兩腳併攏，唱歌或講笑話給她聽。她笑得閤不攏嘴，我便趁機一頭鑽進她懷裡撒嬌、耍賴，想多和她磨蹭一會兒。一日，我把這個願望告訴老伴，她噗哧一笑：「快做祖父的人，還做這種夢，豈不成了老萊子了？」

提起楚國隱士老萊子，既羨慕，又妒忌。他住在風光秀麗的蒙山之陽，自耕而食，正是天下太平無事日，鶯花無限日高眠。老萊子年居七十，父母健在，他為了歡娛二老，披上五色彩衣，頭紮小髻，手拿花拉棒槌，在爹娘面前耍寶；有時故意摔跤，捂著長滿壽斑的臉，作小兒啼哭狀。引得二老發笑。老萊子既歡娛了雙親，自己也獲取受的滿足。歷史上把老萊子列為孝子，我堅決反對。老萊子年居古稀，還享受到母愛，他簡直太幸福了！

老萊子是孝子，我是忤逆子，這是濟南趵突泉攏卦攤的張半仙的論斷。這是我小時候的秘史，別人都不知道，我也拉不下臉來跟人家講。

過去我追求過一個女孩，在兩人爬大崗山的途上，剝著煮花生，喝冷水，我悔不該一時衝動向她談起這段秘史。她聽了鼻子一皺，像嗅到一股狗屎味兒。想不到你是這種人。一個對母親不孝的人，將來也不會是一個好丈夫。不久，兩人互道珍重，各奔前程。這是四十年前的秘史。不少朋友說我甩了女的，其實是女的甩了我。我因失戀還跑到大貝湖哭了一場。這種歷史的誤會，使我後來成為一名歷史懷疑論信徒。

我小時候很壞，至於怎樣的壞，實在難以適當描寫。不然，張半仙為啥說我是忤逆子呢？儘管我曾記恨他半個世紀，而且從不求籤問卜；文藝圈會看手相的墨人、楊震夷，雖然相交甚深，別的都可以談，唯獨看手相，我是決不伸手！

若是問及我忤逆不孝的事蹟，不妨舉出一件案例，供你參考。時在抗戰時期淪陷後的濟南，別人都不知道，我和我媽也不好意思講出去。屬於機密事件。

當時日軍盤據華北，為了加強奴化教育，時常舉辦「日本語學藝會」。濟南師範第一附小日籍教員中村潔，矮個子，白面，有兩三粒麻子，渾身散發香水氣息。他為了爭取校譽，親自挑選五、六年級學生，排演菊池寬的獨幕劇「父歸」。那年我剛滿十歲，飾演一小孩。只三句台詞，活道具。但在我當時引為無上的榮耀。「富在深山有遠親，窮在街頭無人問」，我跑遍親戚家，請叔叔阿姨前來捧場，人家哼而哈之，一笑了之。演出那日，我媽天剛拂曉便去珍珠泉洗衣服，趕回家淘米煮好飯，才急忙換上一件乾淨外套，坐人力車到會場去觀賞「父歸」。

也許這齣話劇劇名刺激了她，也許我在舞台上用日本話喊人家爸爸惹惱了她。我媽沒等演完就賭氣回了家。卸了妝，換上制服，我捧著獎品回家。一進門，我把獎品朝地上一摔，嚎啕大哭起來。

我的兒，你哭啥？

走開，走開！你不是我媽，我是你們從千佛山揀來的。

兒啊，你演的真好。你站在台上，一點也不緊張……

你少騙我！我親眼看見你，捂著臉，偷偷溜出會場。你說謊，你不是我親媽，姓李的……

母親渾身發抖，拿起一根雞毛撢子就抽我。大抵是「姓李的」這句話氣壞了她。事後，母親躺在床上，病懨懨的拖了好幾個月。

這件秘史只有我們母子二人知道。母親涵養好，甚至當兩年後到達皖北見了父親，她也並未洩露出這件機密事件，

我還沒老，卻已成了碎嘴子。我已把話扯得太遠。現在我談張半仙的事。其他的留下以後說。濟南的趵突泉為三大名勝之一。韓復渠當山東省主席，曾為趵突泉寫了一首詩。詩雖不雅，卻很傳神。

趵突泉，泉趵突，

三個眼子一般粗，骨突骨突骨突。

小時候，常跟母親去趵突泉。我並不愛看骨突骨突骨突的水花，沒啥意思。看久了頭發暈，跟上「雞兔同籠」算術課一樣討厭，我愛吃趵突泉門口一個白鬍子老頭的糖葫蘆，看著美，吃著甜，樣品也多：山楂、海棠、黑棗、荸薺、橘瓣，啥樣都有。不過價錢也不便宜，一根糖葫蘆，足夠我娘倆喝兩頓粥。

趵突泉有個擺卦攤的張半仙，名氣不小，當初家母聽信誰的宣傳，我不知曉。此人會測字，也會看相，他根據人的五官、氣色、骨骼、紋理，通過占課引出五行相生相剋，作出斷語。我媽領我走近卦攤前，張半仙的蝦米眼稍微向我瞄了一下，便作出英明的論斷：

這個小孩，啊哈！

又饞又懶，吃飯摸大碗。

叫他上東他上西，叫他打狗他罵雞。

這種草率的、印象主義的考評，古往今來，不知戕害了多少青年才俊，斷送了多少精英的錦繡前程。我常見有些主管為部屬考評，「言行不檢」、「態度傲慢」或是「行為輕佻」；難道不吭氣、裝啞巴，一天到晚如同榆木疙瘩般的幹部，才是建設新中國的棟樑之材？

當時我媽聽了張半仙的鬼話，熱淚盈眶，面如土色。她誠惶誠恐，像小太監晉見乾隆皇帝，低聲下氣地問：「俺這個孩子啥時候才走上正路？」

張半仙問過生辰，沉默、仰頭。蝦米眼不住地眨巴，令人害怕，又噁心。嘴中咕嚕啥，誰也聽不清楚。終於發出濃重的濟南鄉音：「你這位小少爺二十七歲掌官印，吃公糧，步步高陞……三十四歲成婚，按命中是一個日本太太……」母親淚洒胸懷，卻忍俊不禁。「討個小日本兒，也行，咋拖到三十四結婚？」乾隆皇帝馬上翻臉，翻臉比翻書還快。「命裡註定的事，不能強求。不過，你這個小孩命裡剋母，你可能享不著兒子的福噢。」我媽誠懇地說：「只要俺兒幸福，我無所謂。」母親的話，讓我一輩子難忘記。看來我大抵不是抱來的，而是母親懷胎十月生的。張半仙，是壞人，明知我們也姓張，照敲不誤，五十塊準備銀行票，我母子二人半月生活費。走出趵突泉，回頭朝卦攤瞄一眼，吐一口吐沫使腳踩，輕聲罵一句「王八蛋」，怕媽聽到。

媽聽到一定使雞毛撣子抽我。

若是張半仙算得準，他算我將來討日本娘們，那可真離譜兒。我只認識一個日本女孩，六歲，中村美智子。有一次，中村老師帶「父歸」劇組同學去他家玩，美智子唱歌給我們聽。她是一個小胖子，兩隻小虎牙，走起路來像一隻獅子狗。誰會娶她做太太，噁心。

那年暑假，真熱。原來我媽不准我在護城河游泳，如今因氣溫升高，白天屋內像蒸籠，熱得喘不過氣。再加上張半仙說我十七歲發跡，改邪歸正，母親有了盼望，她現在准許我下河游泳，但等日薄西山，一定回家吃晚飯。

灤水發於濟南西南，北流至灤口入古濟水。古濟水，即目前的黃河。這條灤水繞經濟南市區。環城而過，因而濟南人稱它護城河，或是小清河。河水真是清澈見底，藻草、魚蝦看得一清二楚，潛游河床乃是最愉快的事。即使不慎喝上幾口河水，也不要緊，除非喝著飄浮的糞便，又苦又臭，不過機會極少。我前後在護城河游過四個夏天，只喝過一次糞便，而且是人糞。人糞最髒且臭。這也是件秘史，我媽不知道。

凡是在濟南長大的孩子，大抵都會游泳。我從八歲開始，先用黑長褲作克難游泳圈，泡在灤水中吹氣，趴在圈在打澎澎游了不久，丟掉游泳圈，竟也可以浮在水面前進。熟能生巧，後來再摸索學習蛙式、自由式、仰泳，以及紮猛子（即潛游）。海軍蛙式著名運動員徐興泰，曾獲亞運會蛙式八百米金牌，他看到我的蛙泳，指出我是跟日本教練學的。他說我的肺活量不足，否則可以參加比賽。其實我心裡明白，我的游泳是自己摸索學會的。

沿著蜿蜒曲折的護城河，有黑虎泉、珍珠泉和一些叫不出名字的泉池。泉水湧出池，匯流入灤水，因而灤水永遠保持源頭活水的浩蕩氣派。灤水沿岸的菜農，常以滾流洗滌芹菜、菠菜、西紅柿、青椒、茄子。每當菜農在河岸洗芹菜，我總去揀拾人家摘掉的菜莖，有時可以揀很多，拿回家交給母親。她蒸一籠窩頭，炒一盤芹菜肉絲，再熬一小鍋小米粥，那真是最香甜而難忘的晚餐。

張半仙說我命裡剋母，還真有點對。無論我做啥事情，她不僅不支持，反而跟我唱反調。你說我為啥不搗蛋，這是逼上梁山嘛！

先說游泳。我媽堅決反對。每次游泳，先向她說好話、宣誓，決不到深的地方，而且只游兩小時。她卻用那些封建迷信的鬼故事，嚇唬我。濼水底下有溺死鬼，專門拽小男孩的腿。它淹死了小男孩，它才可能轉世投胎。這若用軍事術語來說，就是「佔缺」。

即使讀書，我媽也囉嗦，你說多討厭！那時小學四年級起，國語、日語、算術列為主科，一門不及格，留級。為了學習日語，不少同學讀夜校。我家窮、上不起，只好自修。每次唸日語，我媽就扳起晚娘面孔，躲得遠遠的而且說風涼話。

老子槍林彈雨，在外邊跟日本鬼子拚命；兒子在家學日本話，這可怎麼說啊！

冬天的夜晚，媽在煤油燈下做針線，我啃辣蘿蔔、剝花生吃。聽得母親唸起了兒歌：

小日本兒，喝涼水兒。上了船，沈了底兒。
下了地，斷了腿兒。
日本話，不用學，
再呆三天用不著。
小日本兒，

賣涼粉兒，

打了罐子賠了本兒。

當時我真懷疑我不是母親生的，而是從千佛山揀來的。千佛山，濟南三大名勝之一。韓復渠當山東省主席，也為它作一首詩，寫得非常拙劣，姑且抄錄下來。

遠看佛山黑鴉鴉，上面小來下面大。

有朝一日倒過來，下面小來上面大。

在千佛山麓，常見乞丐蜷臥路旁，蓬首垢面，缺腿斷臂。有的故意用磚塊、鐵條將頭打得鮮血直流，非常恐怖，以博取遊客的同情；有的在環山道上表演氣功、吞球，藉以斂錢，說起來，令人鼻酸難受。千佛山又名歷山，石灰岩組成。相傳舜曾在山麓耕田，也叫舜耕山。有觀音堂、龍泉洞等古跡。據我媽說，她有一年去王靈觀進香，走到千佛山半腰，發現一株柿子樹下躺著一隻疲貓，喳喳直哭。走近一看，原來是個臭男孩。當時心軟，便把小男孩抱下山。走到半途，小傢伙直哭，我媽非常懊悔，想再送回原地，適巧天上飄下細雨，我母親雇了一輛包車回了家，這稱不上秘史，因為我長得和父親很相似，甚至連講話的腔調、囉嗦也一樣。不過我小時候堅信此事，因為我媽對我苛刻、厲害，和晚娘差不多。

我媽的缺點一籮筐。最讓我難忘的她不講信用。開學提出倡議，這學期若考試在前十名，她暑期帶我去遊大明湖。我一連考了五次前三名，她抵賴不去，什麼家境困難、物價高漲、國家處在危難之秋，哪有心情逛大明湖？她還攻擊劉鶚的「老殘遊記」，寫得過分誇張，胡吹海嗙，其實大明湖根本沒啥逛頭，一個臭池塘而已。直到我小學畢業，她才實踐諾言，可是遊大明湖回家，我卻挨了她一頓揍。想起此事，好不氣煞人也！

韓復渠為濟南三大名勝之一的大明湖，賦詩一首。寫得是夏季景色，頗具寫實意義。

大明湖，明湖大，
大明湖裡長荷花，
荷葉上面有蛤蟆，一戳一蹦躂。

大明湖在濟南市北面，小清河上游。週圍有四．二五公里，湖水清澈，長滿蘆葦、荷花，有歷下亭、南豐祠、小滄浪亭，明湖居等名勝。遊湖要坐船，比坐黃包車、公共汽車新鮮有趣。比趵突泉熱鬧。每個旅遊點皆有商販，出售涼粉、熱麵、肉包、切糕，還有大米乾飯、巴子大肉，就是米飯上放一塊滷豬肉，灑一點湯汁，吃起來非常過癮。只要遊湖，我反正見啥吃啥，肚飽眼不飽；我媽也不吝嗇，她知道窮人遊一次湖，實在不容易，若再來遊湖，真不知等到何年何月了。

船向明湖居前進，老遠，聽見播送日本軍歌「愛馬進行曲」，精神為之一振。船靠岸，看到張貼標語，「中日親善」、「建設東亞共榮圈」、「興亞建國」、「第三次治安強化運動」……屋內漆黑一片，正在放映日軍在南洋各地作戰的紀錄影片，這些片子我在學校看過，但是我捨不得離去，因為我發現有幾名日本小孩，我可以跟他們搭訕，做朋友。

我媽是沒見過世面的婦女，她的表情呆滯、冷漠。船剛靠岸，她便想留在船上，推辭頭疼。我向她說好說歹，她也不肯下來參觀。其實日本人有啥怕的？我敢和他們用日本話交談，談些天氣、學校有關的簡單問題。不信，我露一手給你瞧瞧！

走出放電影的黑屋，迎面走來兩名日本軍人，他睜大了眼珠瞅我，一個說：「你不是演話劇的張桑麼？」我受寵若驚：「你看過我的戲？只三句話。」另一個說：「你們中國人不講公共衛生，看電影，不守秩序，有的吸香菸，這對皇軍不禮貌。」

誰料這時母親走近身旁，她示意讓我上船，不必和日本鬼子閒扯。不行，即使走，也得和人家道別呀。山東是孔孟之鄉，咱們不能不懂基本禮貌啊。

「你想叫我做什麼呢？」我用日本話問那軍人。

「你翻譯一下，告訴屋裡的人，不可以吸香菸，不可以大聲吵嚷，否則走出去！」

我媽不懂日語，她以為日本兵罵我，拽著我就走。一個日本兵對母親說：「幫忙大大的，好不好？」我跟他們走進屋裡，停止放映後，我向觀眾傳達了他們的話。雖然我很委婉、和氣，可是卻獲得強烈的反感。不少人趁機溜走。還有偷偷罵娘的。反正我只是傳聲筒，罵就罵吧。

回家，我媽罰我下跪。用雞毛撣子抽我。我始終不作聲。沈默的抗議。漢人學得胡兒語，高倨城頭罵漢人。你給咱張家丟人啊！是的，我是漢奸、二狗子，我是汪精衛、梁鴻志、王揖唐、唐仰杜……那次遊湖回去，我發誓：海枯石爛，再也不來遊大明湖，我不敢再來了。

在那個嚴重的乾旱年月——民國三十一年，僅河南省便有三百萬人因缺糧而餓死。農田乾旱，青壯年逃離家鄉到東北去做苦工。濟南的物價波動，每日都有搶糧風潮。我媽勒緊肚皮帶我遊大明湖，是多麼難能可貴啊！

那時有一首鄉土民謠，具體表達出中國百姓的生活哲學：「一不理怨天哪，二不埋怨地；只是奴家命不濟，生長在這亂世裡……」

我國從本世紀前五十年，也就是從一九〇〇年到一九四九年，曾發生過十一次嚴重的旱災，每次死亡人數皆萬人以上。

歷史記載：民國十九年，陝西省境持續長時間沒下雨，農作物枯死，造成二百五十多萬人餓死，不少從四鄉逃至西安的難民潮，給社會帶來空前混亂。當時的婦女，凡在二十歲以前，一歲一元，賣給人家；超過二十歲，一歲減去一元。當時西安報紙登過一則新聞：一位飢餓的婦女剛講妥價錢嫁出去，對方聽說她明一小兒，堅決退婚退錢，那婦女索性當眾溺死小兒，成為轟動一時的悲劇。

我進了省立濟南中學，每晨將兩只窩頭放進書包，中午買一碗粥，五毛錢醬菜啃窩頭，直到夜暮蒼茫，才趕回家吃晚飯。為了吃飯問題，借債，進當舖，成了我的課餘工作，濟南商埠的幾家親友，只要見我進門，都退避三舍，不願見我。有時人家給我兩斤小米，臨走還訓斥我一頓。你老子可逍遙自在，拋下你娘倆不管，他到底安的啥心？……這年頭飯都沒得吃，還上什麼中學？你媽咋糊塗到這個地步？還有比這些話更難聽的，列為機密。因為說出來影響我兒女的榮譽。

從黃河沿岸而來的飢民，湧向泉城，街頭巷尾，盡是乞丐。我家巷口有一家麵攤，出售大鍋麵條。麵條內有一點韭菜、葱花，毫無香味，是下層社會的飯食。有時我也拿著小鍋去買，作為我母子的早餐。一天早晨，一位逃難的農民，在麵攤前吃了兩碗麵，吃完，把嘴一抹，朝賣麵的小販低三下四地說：「大叔，俺沒錢，您看怎麼辦？」賣麵的小販氣憤地說：「沒有錢，還我的麵！」雙方爭吵，我嚇得朝牆角躲，可能賣麵的生意不好，脾氣暴躁，他從籮筐抽出一把匕首，朝農民的肚皮捅過去，剎那間腸子混合著兩碗麵條從他肚內噴洒而出，嚇得人群像炸窩的麻雀一般。這件血案給我影響很大，幾乎我有四五年見了麵條不敢著筷。

在那苦難的饑饉的歲月，我家經當煮豆餅吃。豆餅是榨過豆油剩下的豆渣滓，壓成圓形餅狀，可做農田肥料或家畜的飼料。每只豆餅約五斤重。吃時，先用刀砍下片段，再碾碎放入鍋內煮，等煮成稠稀飯狀時，放些葱花、菜葉和油鹽佐料，便可取食。豆餅毫無營養，只是充飢而已。因為豆類渣滓堅硬粗糙，消化不良，常發生便秘現象。

我拉屎帶血引起肛門裂縫症，便由吃豆餅而來。

豆腐渣窩頭比豆餅更難下咽，吃什麼拉什麼。我媽每鍋蒸十二個窩頭，作為兩日乾糧，四個小米麵的，讓我帶到學校作午餐，其他豆腐渣窩頭在家吃。我媽長得不錯，由於營養不良，面呈菜色，三十出頭已鬢髮霜白。她「良民證」上的照片，又醜又老。看了讓我心酸難過。只要她身體不舒服，頭疼腦熱，我總泛嘀咕，若果真我媽壽命不長，她可享不到我的福了！

即使母親在病中，她仍然嚴厲地管束我，不准我喝涼水，不准我亂脫小褂，不准這，不准那，老太婆的嘴可真囉唆啊！不過我媽對於未來充滿信心和希望，她誇讚老爸是一個質樸勤勞的丈夫，她也誇讚我是正直善良的兒子，只是脾氣躁，不聽她的話……她臨咽氣的剎那，還囉唆我的棉鞋沒穿好，歪七扭八，像個小流氓……

媽，您去世將近半個世紀，為啥我每次回憶往事，恍如昨天一樣啊！

黑蝴蝶

波浪宛如千百條白色的長褲，從那陽光照耀下的茫茫的遠海，一波一波朝著海岸翻滾、蠕動，捲上了沙灘，激起了一片嘩啦嘩啦的聲響。白色的細沙，頃刻間淹沒在滾蕩的浪花中。這時，一隻白色的海鷗掠過沙灘，待我抬頭凝望牠一眼，湖水竟已退進浩瀚的碧波中。

啊，這一片太平洋沿岸的海灘，永遠是這麼寧靜、美麗，像一幅水墨畫一樣。如果不是秋風蕭瑟，我真想脱去衣服，投身在滾蕩的綠波之間，我要向著叢山大海喊叫：

「黑蝴蝶，妳在哪兒呢？」

是啊，黑蝴蝶飛向浩渺的雲天深處，讓我再也尋不著她那年輕健美的身影。如今，我懷著沉重的心走在柔軟的沙灘上，多麼渴望她的出現！但是，蒼天悠悠，大海茫茫；淚眼朦朧中，我依稀地聽到從海灘的遠方，傳來一片柔美而清脆的呼喚：

「老丁，馬奧拉嘎槁給掃！」（後一句為阿美族語：我愛你。）

不知是海風吹的還是陽光曬的，她那兩隻亮晶晶的眼皮搭拉著，卻掩不住純潔而頑皮的笑影。頭髮上紮著一個美麗的黑色蝴蝶結，搭在胸前的髮梢還不停地滴水。她穿著一件非常緊身的黑色游泳衣，靠肚臍的右方繡著一隻白色的蝴蝶。是啊，她是多麼像一隻山林間飛舞的黑蝴蝶啊！你看她的豐滿手臂呈現赤銅色，全身散發出青春健美的氣息，宛如膃肭野獸般的性感。面對著這麼健美的姑娘，我不由感到渺小而膽怯起來。

「你看，我的蛙式怎麼樣？」她說著返身躍進浪花之間；接著，她迎著波浪向遠海泅游，而我的心也隨同她游向那茫茫的遠方。「回來……」我默聲唸叨著：「小心遠的地方有鯊魚。」直到黑蝴蝶從人群中游回岸，我的心才像一塊石子落在沙灘上。

「游得怎麼樣？」她坐在身旁，我聽到她發出輕微的喘息。

「普普通通，不怎麼好。」我淡淡地說：「最大的缺點，妳的頭為什麼不沉進海水中？一沉一浮，才是正確的蛙式姿勢，可是妳……」

「好了，好了……」她打斷了我的批評，羞紅了臉，自我辯釋地說：「你不記得人家得過中耳炎，耳朵不能進水，我平常連洗頭髮也非常小心。哼，你只是理論家，為什麼不下去游泳，你游個蛙式給我看一看怎麼樣？」

是啊，黑蝴蝶簡直是在揭我的瘡疤。那時我患了嚴重的精神衰弱症，四肢軟弱無力，再加上血壓低到四十左右，走起路來像騰雲駕霧一樣，搖搖晃晃。你想我怎麼敢下海游泳？禁不住她的譏笑與鼓勵，我即使暈倒在海浪中也得下去游，免得受她的奚落。我剛要脫去襯衫，卻被她攔住：「不行！你是病人，游泳會發生危險。」

「淹死了我自己負責。」

「既然你自己負責，你就去游吧！我回去接『小夜班』了。」黑蝴蝶站起來拍拍臀部粘附的細沙，向那翻湧過來的浪潮走去，她消失在白茫茫的浪花中。

初秋的晚上，醫院像古廟一般沈寂。病房內的燈光早已熄滅，天花板上的壁虎、牆角竄動的老鼠，如今肆無忌憚地鳴叫、追逐著，發出厭人的吱吱聲。從半年前住進這座醫院，每到夜晚，我總是悄悄溜出病房，獨自走到涼臺前，點上一支香菸，慢慢地吸著，看星星、看月亮，凝聽斷崖下的海灘傳來的嘩啦嘩啦的潮水聲響。

一個人的壞習慣，不是一天兩天養成的；一個人的病，也不是短時間促成的。直到現在，我依然弄不清楚失眠症是怎麼得來的。晚上睡不著覺，腦海中掛起了銀幕，前三皇、後五帝的往事，一幕幕映現出來。腦袋脹得直疼，宛似塞滿了潮濕的爛棉花一樣。起初，我還瞞著別人；漸漸的，我的體重顯著的下降，每天坐在寫字檯前，精神恍惚，像掉了魂兒似的。

「老丁，你怎麼了，是不是有肺病？」同事關切地問我。

「沒有病。」我照實說。

「你若有病，趕快去看醫生，可不能拖呀！一個人出門在外，病倒了不是鬧著玩的。三十多了，你還留戀這個文書工作嗎？」

聽了課長的話，我有點發愣。他是關懷我的健康，還是存心攆我走路？我只是淡淡的笑一笑，應付過去了。漸漸的，我發覺整個辦公室的同事，似乎講起了衛生；清早一進辦公室，都忙著洗茶杯，嘴裏還不停地唸經：

「肺癆這種病，傳染得最快。杯子要不乾淨，把細菌一吞進去，不到半年光景，一定見閻王爺！」

「要是我得了這種病，別說是一個月賺一百七十塊的小文書，即使是科長、局長，我也不會幹。留得青山在，不愁沒柴燒，你說這話對不對？」

「修爾（英語，當然），」另一位愛講洋文的科員，壓低了嗓門說：「你看老丁瘦得像狗斯蹄（英語，鬼），趕快把他送去住院吧！」

春天，當蔚藍色的天空，傳出燕兒的輕脆的啼聲，它把山林間沉睡的鳥雀喚醒，我卻孤獨地坐在公路局汽車裏，帶著一隻破皮箱，來到了東部的濱海的山村。

寂寞啊，我噙著充滿鹽質的淚水，咀嚼起俄國盲詩人愛羅先珂的詩：

是土撥鼠的命運？
當太陽照在牠的身上，
牠的眼睛便瞎了。
春天來臨時，

牠卻癱死在地上……

這座醫院建築在傍海的半山坡上，你説它像座廟吧，廟裏不見香火繚繞；你説它像一座教堂吧，這兒也看不著矗立的十字架。在一片竹林叢中隱現出兩排白色的平房，一天到晚幾乎看不見人影，如果不是屋後的煙囪冒出炊煙，簡直讓人感到只是一幅寧靜的水墨畫。

那天，我提著破皮箱進了醫院，心裏暗想：「熬不到春天，恐怕我就變成土撥鼠啦！」

人在苦悶的時候，脾氣顯得特別暴躁，好像半山腰間堆起的枯葉，只要擦上一根火柴，剎那間便會燒成灰燼。是的，縱然這次來東部住院療養，人事部門先徵得我的同意，一切由勞保付款，我只需繳納一點伙食費，而且公家還給我「留職半薪」，說起來算是很寬厚的條件；但是人畢竟是群體的動物，我從熟悉的那個小城被送到這荒僻的地方，和這些病懨懨的人們住在一起，這簡直是颳大風吃炒麵——叫我怎麼張得開嘴呢？

你看，我在收拾東西的時候，幾個病友圍在四周，叼著香菸，用著懷疑的眼光向我打量，嘴中還不停嘀咕：

「火雞！你看人家帶了這麼多書，真是有心人。」一個胖子朝瘦子說。

「住院看書，最能打發時間。」瘦子的嗓子很滑稽，高亢而帶有女人腔，大概「

火雞」的綽號因此而來。他拿起一冊線裝的小書，眨巴著眼鏡說：「這是佛家的經，還是道家的經？字這麼小，我操，像螞蟻似的。」

「誰給我一罐奶粉我就信教。」胖子摸著肚皮說：「去年一位阿巴桑傳教，送我一張卡片，一個女子在雪地上跑，這簡直刺激我嘛！我轉送給『黑蝴蝶』了。」

四周的人哈哈笑起來。「火雞」的尖嗓子笑得刺耳，聲音跟火雞一樣。

忽然，「火雞」拍著我的肩膀問：「你信什麼教？」

「鴨蛋教。」我繃著臉，壓住肚裏的火氣說。

這些看熱鬧的病友們，一個個挾著尾巴走了，發出一片滿足而略帶嘲弄的笑聲。是啊，也許有些並不瞭解我的煩悶心情，以為我是一個沉默寡歡的人，或是患有精神病傾向的人。不管怎麼推斷，反正我把「鴨蛋教」的旗幟一掛起來，就把這些小子們嚇跑了，倒落得我耳根清靜。點上一支新樂園香菸，我默默地整理帶來的那些書。這是臨來之前，我花了七八天的時間，從書店和舊書攤買來的。托爾斯泰的〈復活〉、屠格涅夫的〈父與子〉、馬克吐溫的〈湯姆歷險記〉、羅曼羅蘭的〈約翰克利斯多夫〉……，我計劃拿這些書來打發漫長的寂寞歲月。

可是我的計畫，卻被窗外的太平洋浪潮沖走。每逢我拿起書，剛看上幾頁，便被那門外的嘩啦嘩啦的浪潮吸引去。我的心宛如插了翅翼，傾刻間飛向了滾蕩的浪朵之間。是啊，海是多麼詩情畫意的春之原野啊，我恨不得脫去身上的衣服，投身在藍色的波濤中，作一個返歸自然的青蛙……

五月的陽光，暖洋洋的曬在海灘上。海灘上有四、五個小孩兒在抓小蟹、摸蚌殼，不知什麼時候，他們跑向那遠方的礁岩，我再也看不見他們的蹤影。遠洋上，隱約地有一艘輪船在航行。海鷗挑逗般地在我的四周飛旋。我坐在沙灘的一塊青色岩石上，吸著新樂園香菸，無聊地向著遠方眺望；在我的背後的沙灘上，放著一本薄薄的〈老人與海〉。

驀地，我聽到一片渾圓柔美的歌聲，從浩瀚的碧波之間揚起，我的心隨著海鷗飛向那藍色的海天深處……

淡淡的三月天，

杜鵑花開在山坡上，

杜鵑花開在小溪旁，多美麗啊……

一位穿著貼身黑色游泳衣的姑娘，從礁岩背面走出來，她渾身散發著野性的健美氣息。我記得有人談論她，她的外號叫「黑蝴蝶」，讓人既憐愛而又捕不到；她不願輕易跟男人談話，因此不少男人詛咒她、嫉妒她，甚至編了一些謠言來譭謗她。

黑蝴蝶走近時，我向她點點頭　她也淡淡地向我點點頭。

我們雖然認識，但卻沒有講過話；因為從住院以來，女護士從來沒有給我注射過針劑。那個「四眼田雞」醫生，他開的藥丸非常小，比過去我吃的「服立眠」小一倍，像一粒綠豆一樣。四粒白色、二粒紅色，早晚各服三粒。誰也知道這種鎮靜劑不是維他命丸，少吃最妙。因此我每天只吃一粒，今天吃白的、明天吃紅的，把節餘的藥丸秘密儲存在兩個不同形狀的撲滿裏，我準備將來帶回西部去餵狗。房東的那隻大黃狗是害人精，每當夜闌人靜，牠彷彿專門對付患失眠症的，汪汪地吠個不休。我臨走前早已對牠許下了復仇的志願。

「你不怕海水冷嗎？」我向她打招呼說。

「五月了，不冷了。」她的大眼睛帶著畏懼的神情，一直不敢靠近我。

「妳記錯了吧，現在不是三月嗎？」

「三月，誰說的？」

「妳說的。剛才妳不是唱淡淡的三月天，杜鵑花開在山坡上嗎？」

黑蝴蝶一瞪眼，鼻子一皺，向我哼一聲，返身躍進了滾蕩的波濤，轉瞬間游向了茫茫的遠方……她那豐腴而健美的胴體，使我產生無限的遐想。是啊，我多麼盼望自己健康起來，胳臂像年腱般的結實、硬朗，我也和她一樣在高山、綠野之間勞動、嬉戲；就如同〈高山青〉歌曲的兩句話：「姑娘和那少年永不分呀，碧水常繞著青山轉……」

初夏的夜晚，繁星滿天，海風送爽，坐在涼臺上吸菸納涼，凝視腳下的太平洋潮水拍岸聲，嘩啦嘩啦，那永不歇息的聲浪，真是一首美妙的催眠曲啊。

我在朦朧中，隱約地聽到一陣少女的歌聲。那聲音宛如出谷的黃鶯，從山林之間流傳過來，但刹那間它又被海風捲送到沙灘去。「那不是黑蝴蝶的歌聲嗎？」一想到她，我的心頓時抽搐起來。剛才，「火雞」在病床上用手捂著胸部的左上方，大約就是這個症狀。燈下，「四眼田雞」替「火雞」揉搓胸部，一面催促說：「準備氧氣筒。他的心肌梗塞很危險。」兩位工人的身影在奔走閃動，我隱約地發現黑蝴蝶拿著針管在燈影中晃動著。病房的病友都在睡在床上，誰也不去管閒事，好像充耳不聞一樣。我用手摸著胸口，胸口扭絞而抽搐起來……

淡淡的三月天，

杜鵑花開在山坡上……

是黑蝴蝶的歌聲。聽，她好像在呼喚我的名字。我沿著碎石路走出院門，沐著閃爍的星光，我尋著歌聲走向了沙灘。「別唱了，當心別人聽見。」我的心臟搐動著，但不去管它，為了到心愛的姑娘，即使像「火雞」一樣犯了心肌梗塞症也無所謂。徐志摩不是說過：「是愛就不能沒有力量，是愛就具有悲劇的傾向。」我拚命地向前跑，漲潮的海水浸濕了我的拖鞋、褲管，且不管它。我朝著站在礁石上的影子喊：「黑蝴蝶，我來了！」

啊，月亮從太平洋上升起，照亮了沙灘和海洋，也照亮了黑蝴蝶那豐滿而性感的胴體。傻丫頭，她怎麼一個人在海邊裸泳？

我征住了。心在噗噗地跳。血液宛如蚯蚓似的在我的腰間蠕動。她站在礁岩上，兩隻閃光的眸子向我凝視不動。我好像那位多情的少年羅蜜歐，在月夜中悄悄爬上了朱麗葉閨房的樓窗。

「黑蝴蝶，妳別唱了，我愛妳！」

黑蝴蝶的身子向前微微顫動了一下，發出疑惑而低沉的聲音：「是真心話？」

「我拿那幸福的月光起誓。那照滿了果園的樹尖銀色的月。」

「啊，起誓可不要拿月亮，那沒有常性的月亮，在三十天裏都變上幾回圓缺，免得你的愛也會一樣變幻無常。」

黑蝴蝶說著從樓窗——不，她從礁岩上跳下來，輕飄飄的，宛如一隻穿梭花叢之間的蝴蝶。她走近我時，我迫不及待地抱緊了她……

她掙脫了我的胳臂想走。

「就讓我這樣空空的走嗎？朱麗葉。」我在喚她。

「啊，」她渾身顫抖，越使人感到愛憐：「我的愛像海那樣無邊。我給的越多，自己越有，因為兩樣都是取不盡的……」

忽然，大海翻騰起來。我突然想起了海嘯。日本作家廚川白村就是夜間寫作被海浪捲走的。

「跑呀！黑蝴蝶！」我拉著她的手喊叫。

「你認錯人了！」她掙脫了我的手，冷冷地說：「我是朱麗葉。」

海嘯引起的巨浪，宛如綿延起伏的崇出峻嶺，正以雷霆萬鈞之勢，劈頭蓋臉地朝著沙灘、朝著岩石、朝著年輕健美的黑蝴蝶壓過來了……黑蝴蝶面帶微笑，並沒有動……時間呀，停一停！巨浪啊，停一停！……我正大聲呼喊，忽然一座大山似的浪濤朝著我們壓了過來，壓了過來……

燈光亮了，一位穿著白色工作服的少女，端著藥盤，帶著疑慮的神情向我微笑：「你不按照規定吃藥，一定會作惡夢。」

不知是羞愧還是難過，我把身子翻過去，用被單蒙上頭。

一個人從呱呱墜地起，一直等到長大成人，真不知耗費了父母多少心血，所謂「十年樹木，百年樹人」這句話，說明撫育一個人成長的艱難。因此，一個人若想離開這充滿悲歡炎涼的人間，也不是那麼容易的事；就拿我們病房的這位「火雞」來說，他年近六旬，患了最麻煩的心肌梗塞症，而且血壓高、有糖尿病，胃切除了四分之三，他猶如一條細長富於彈性的蚯蚓，即使誰在他身上戮上十刀八刀，牠通過扭曲而痛若的掙扎，但不久又在春天的田野間翻土、覓食了。

天濛濛亮，病房照樣像菜市場一樣，舀飯聲、碗筷聲、談話聲、灌水聲、走路聲，吵得我頭皮發麻，根本不能睡回籠覺。披上衣服，我端著面盆去浴室洗臉，剛走進病房，聽得「火雞」吼起來：

「阿珠，我操……妳怎麼不給我打稀飯？」

阿珠是一個胖乎乎的中年傭工，她專門替病人送乾飯、稀飯或菜湯。

「回來，妳是聾子呀！」「火雞」的尖嗓子又吼起來。

「你這麼兇幹什麼？我以為你昨天晚上，給它死掉！」

有人發出奚落的笑聲。

「要是我死了，妳不成寡婦了嘛！」「尖嗓子」不慍不火的聲音，也比一般人高八度。

「你每系呀，考腰！」阿珠一面罵著，一面用木勺舀了一碗稀飯，擱到「火雞」床邊的小櫃上，扭著肥厚的屁股走了。

病房內騰起一片快活的笑聲。笑聲感染了我，我到了浴室，急忙把牙膏擠在牙刷上，一邊解開褲扣排尿，右手不停地刷牙。漱了嘴，胡亂抹了一把臉，端起面盆往外走，我急著要到「火雞」床前去看熱鬧。

果然「火雞」床前圍滿了人，他們正聚精會神凝聽「火雞」講鬼話。「……那天夜裏我在河灘上拉屎。我操，你不知道那天我去河對岸表叔家吃春酒，不知道怎麼搞的，肚子咕咕嚕嚕，老是拉稀……」

「別扯這麼遠好不好？你到底怎麼見的鬼？」有人性急，忙不迭地插嘴說。

「好，我不囉嗦。我脫下褲子，剛噗哧一聲——」

後面的人鬨笑起來，原來阿珠挑著飯桶走過床邊。有人拉她停下來聽鬼故事。「考腰呀！」阿珠掙脫了一下，撝著嘴走了。

「那河灘上原來是個刑場，每年都要在那裏敲掉幾個。白天過河的人多，不覺什麼，可是夜裏陰風慘慘，鬼火閃閃，那可真是嚇人！可是我拉肚子，不拉怎麼行？我剛拉下一灘稀水，忽然看見一個黑影，我操，像過年跳加官的大頭一樣，朝我面前搖晃、搖晃……」

「你跑啊！」有人緊張地說。

「跑？往哪兒跑？」「火雞」的尖嗓子發出刺耳的金屬聲音：「我當時嚇得腿肚子都軟啦！反正人活百歲也是死，該死該活屌朝上，我他媽的豁上啦！」

笑聲沖淡了恐怖氣氛。這時，老院長帶著「四眼田雞」、黑蝴蝶，還有三四位醫務人員走進病房，進行每週例行的病房檢查。病友像散場的觀眾，一個個爬上自己的床，捏著鼻子裝聖人，誰也不敢笑。

老院長是個不苟言笑的人，他一年到頭打著黑領帶，領帶像一根油條，纏在他那泛紅而刀皺紋的脖頸上。他走到床邊，先把我枕頭旁的一冊《安娜卡列尼娜》拿起來，翻了一下，轉頭向「四眼田雞」說：「除了聖經、佛經，其他的書都送到儲藏室。」

「是的。」「四眼田雞」點頭說。眼睛盯著手上的病歷表。

「你最近覺得怎麼樣？」老院長習慣的摸摸油條領帶，低頭問我，嘴角掛著職業性的笑容。

「還好。」我心裏並不暢快。剛才吃了他一個窩脖兒，如今還堵在喉嚨眼上，像誤吞了一根魚骨似的難受。住在這破醫院裏，床頭還不准擺小說，這是哪一國的規矩？

「聽說你信鴨蛋教，到底是真的，還是開玩笑？」

四周的醫務人員發出一陣笑聲。黑蝴蝶的眸子閃耀出嫵媚的笑影，她似乎期待我的滿意的回答。

「當然是真的。」我說著舉起枕邊的那本《安娜卡尼娜》：「這是鴨蛋教的經典。」

老院長哈哈直笑，笑得鼻子、眉毛擰在一起，眼睛幾乎擠得成一條縫了。「四眼田雞」回頭瞟了黑蝴蝶一眼，然後摘下眼鏡，前仰後合，好像喝醉了酒，同時不停地用手帕擦眼淚。旁邊幾位醫務人員也都笑得東倒西歪，引得滿屋的春風鼓浪……

黑蝴蝶睜圓了烏溜溜的眼睛，向我凝望。那眼睛彷佛是一座火山，蘊藏著無盡的熱情與力量，如今正向我噴射出滾熱的、踰規的光芒，逼得我只得低下了頭。

啊，我今天才看出了她的眸子的特徵，她不是漢族，她是一個阿美族姑娘。

她走了，像一隻蝴蝶飛遠了，我躺在病床上，湧起了一種茫然若失的感觸。

剛才，我親眼看見「四眼田雞」向她含情微笑，一個是醫生、一個是護士，他們正是最理想的伴侶；而我，一個患有嚴重的神經衰弱症、帶著歇斯底里情緒的、同時被同事疑為患有肺癆病的人，憑什麼條件愛上一個健美的、年輕的、而且性感的阿美族姑娘？

閉上眼睛，我忍不住流下了眼淚；摸摸面頰，覺得非常灼熱，是害羞還是患了肺結核？

閉上眼睛，彷彿走在山野之間，我看見一群美麗的黑色的蝴蝶，牠們在花叢中追逐、飛舞，讓我既高興而又眼花撩亂。如今，我把《安娜卡列尼娜》扔進了儲藏室，卻從醫院的圖書室借到一些生物學的讀物，是啊，我是為了尋找黑蝴蝶的蹤影。……

蝴蝶，牠們夜以繼日在我腦海中飛旋……

蝴蝶是最美麗、優雅的昆蟲，自古以來就是詩人吟誦的對象。我們常見蝴蝶飛舞於花叢間，採食花蜜為食。在此同時，蝴蝶也幫這些植物完成了傳粉的作用，使它們將來即可發育成新的植物體。……

這麼枯燥無味的文字，我卻讀得津津有味。每次讀它，一群美麗的蝴蝶，在我的眼前盤旋飛舞，讓我如醉如癡；陽光從窗外灑進來，接著變成昏黃的燈光，我不知度過了多少的黑夜與黃昏，我似乎走進黑色蝴蝶的花叢，四顧茫茫，我迷失在春天的山野間……

蝴蝶的一生必須經過四個時期，卵、幼蟲（毛蟲）、蛹和成蟲。每一個時期的個體，都具有不同的形態和不同的生活型式，為完全變態之昆蟲。……

有女人在呼喚我，我以為是黑蝴蝶；不，黑蝴蝶哪有她這麼臃腫、衰老！阿珠把一盒飯菜放在桌上，齜牙笑道：「這埃郎搞怪，西西挨好啦！」

「妳咒誰呀？阿珠。」

「八號床，又戴上氧氣罩了。」她扭著肥圓的屁股走了。

八號床睡的是「火雞」，他那個「鬼故事」還沒講完呢。我用濕毛巾抹了一把臉，坐了起來。轉下向裏面張望，一縷夕陽灑進來，幾個人圍在「火雞」床前晃動。翻身下床，我默默走近「火雞」床邊，看見他正閉著眼睡覺，嘴角正帶著一點俏皮的笑容，似乎對我說：「你別相信，我那個鬼故事是胡謅八扯的。你想，天底下哪有鬼呀！」

這天夜裏，窗外下起大雨，閃電過後，遠空響起一陣雷聲，病房裏昏弱的電燈熄滅了。

「火雞」怎麼辦？我頓時緊張起來。摸索下了床，穿著拖鞋走到「火雞」床前，但見黑唬唬的一群人，圍立在床的四周，不時發出輕微的咳嗽聲。偶爾窗外發出閃電，十幾張熟悉的面孔在眼前一閃，但轉瞬間又被黑夜吞噬了。

驀地，我發現一道光柱射在「火雞」的臉上，他依然戴著氧氣罩，閉著眼，臉上流露出詭秘而頑皮的笑容；眨眼間，手電筒的光柱熄滅，屋內又封在無邊的暗夜裏。

誰坐在椅子上？我隱約地發現一個穿白色衣服的女人，靜默地坐在「火雞」的枕頭旁的椅子上。突然，那人又按亮了手電筒，檢查「火雞」的眼球，以及他的呼吸情況；一看是黑蝴蝶，我的心不由地噗噗跳了起來。

「你們去睡覺吧！等一會兒，也許院長來檢查病房，他看見你們圍在這裏，他會罵我。」黑蝴蝶輕聲說。

「到時候我們向他解釋，是我們自動來的。」我聽到是「胖子」的聲音。

黑蝴蝶不吭聲，有人卻嘿嘿笑了。

「『火雞』那個鬼故事，害得我睡不著覺，他剛講到脫下褲子解大便，一個大頭鬼走近他，想跟他講話——你們猜，大頭鬼問他什麼？」「胖子」吸著香菸，突然提起這個問題。

一聲雷響，接著是一片閃電，嚇了大家一跳。雨越下越緊了。

「大頭鬼問他什麼話？只有『火雞』知道。」一個接著話尾巴說。

「我知道。」那個患氣喘病的河北人，扯起五線譜的嗓門說。

大夥兒拍手、鼓噪，慫恿他講出這個「答案」。但是，「氣喘病」去端起架子來啦。

「快講嘛！來，先吸根香菸。」「胖子」殷勤地給他一支菸，還擦著了火柴。

黑蝴蝶默聲守在那裏。我心裏明白，她沒聽過「火雞」的鬼故事，她當然覺得乏味、無趣。

我站在黑暗的一角，默默地想：黑蝴蝶的脾氣真好，她並不像一些病友對她的評論那樣驕傲，相反的她卻平易近人哪！

蝴蝶的益處很多，例如蝴蝶的尋花採蜜，可以傳播花粉；有的蝴蝶幼蟲以蚜蟲為食品，稱得是益蟲；而蝴蝶的美麗姿態，更是令人陶醉，彩色繽紛的蝴蝶，飛舞於樹叢之間，增添了大自然的情趣……

雨漸漸小，病房內寂然無聲，大家都摒著呼吸，圍立在「火雞」的病床旁，靜聽「氣喘病」的「答案」。

「……『火雞』蹲在河灘上拉屎，叼著香菸，四處一看，黑漆漆的，一想起河灘上槍斃不少人，他渾身直起雞皮疙瘩。正在這個節骨眼上，一個大頭節走到他面前，啪地一聲——」

「怎麼了？」「胖子」插嘴問。

「大頭鬼打了『火雞』一耳光，厲聲問他：我的頭呢？我的頭呢？……」

人們像開了鍋的雜燴湯，笑成一團。也有膽小的往自己的床位跑，鑽進蚊帳去睡覺。

「胖子」是個倔脾氣，最愛跟人抬槓，他不服氣地說：「你編的鬼故事不合理。你想一想，既然叫大頭鬼，它一定有頭，那它為什麼還出來找自己的頭？」

「找什麼頭？」驀然，黑暗中發出一位老年人的聲音，這聲音是那麼熟悉，倒把大家嚇了一跳，誰也不再作聲了。幸而這時門外雨勢轉大，一個個彎腰躬背走回床去；最後還是抓著了倒楣鬼，老院長一按手電筒，照得我眼花撩亂，我急忙閉上眼睛，不由地說：「別開玩笑啊！」

從黑暗中傳出哧哧的笑聲。

「你不是睡在十三號病床嗎？」老院長慢吞吞地問：「你站在這裏幹什麼？」

「沒幹什麼！」我囁嚅著說：「我來陪護士小姐，怕她害怕。」

老院長不作聲了。但從黑暗中又發出一陣哧哧的笑聲，像小老鼠一樣討厭。

「雨這麼大，又停電。她一個人在這兒看護『火雞』，怪孤單的。……」我不知從哪兒獲得的鼓舞和勇氣，竟然在大庭廣眾面前講出這麼天真的話。

「辛苦你了！」老院長懇切地說。

我在朦朧中向前走，一道閃電照亮了前面的風景：在萬紫千紅、鳥語花香的山野，春風拂面，陽光暖人，我看見很多青年懷著熱情與希望，追逐那些飛舞的美麗的蝴蝶。這裏面有研究的昆蟲學家、有職業性作工藝品的採集者，也有不少類似我這樣喜愛蝴蝶的人……那夜，我睡得很甜，不知什麼時候才昏然入夢……

颱風在北方釣魚臺附近海面過境，引起這場豪雨，一連下了三天才停。氣候越加炎熱起來。吃過午飯，病房熱得像開鍋的蒸籠，往床上一躺，週身汗水黏在床單上，實在難受。因此，屋後的那兩棵鳳凰樹下，成為病友納涼的聚集地。不少人圍在「胖子」和「火雞」旁邊，看他倆下象棋。

「趕快撥炮，『火雞』，你怎麼腦袋是死的？」站在後面的「氣喘病」，急得像猴兒似的說。

「胖子」揮動著一個大蒲扇，像濟公活佛，突起的肚皮搭拉在皮帶上。他皺著眉頭，有些煩躁地說：「各位，自愛一點啊。河邊無青草，餓死多嘴驢……離我遠一點好不好？你又不是查某！」

儘管「胖子」不停地抱怨，但是看棋的依然圍得水洩不通，各地來的「軍師」用不同的招式，幫助那位處在敗勢的「火雞」。

「你為什麼不將軍，你是死人啊！狗屎棋！」突然，「氣喘病」吼叫起來。

「火雞」抬起頭，惱羞成怒地說：「你別這麼兇好不好？我操。是我下棋還是你下棋？……我剛活轉過來，你怎麼左一句死、右一句死的？我操，你是什麼意思……」

鳳凰樹下揚起快活的笑聲。

「氣喘病」挨了罵，氣得臉紅，一氣之下走了，嘴裏還不停地罵著：「這種死腦筋的人，怎麼能下棋？他媽的，別丟人現眼啦……」

海靜悄悄的。在寬闊曲折的沙灘上，我發現有幾位漁民帶著小孩撿蚌殼、捕魚。太平洋宛如一面翠綠色的鏡子，在金色的陽光下泛出粼粼的波影。看到了海，我湧起了游泳的慾望。

海灘離我住的醫院很近，如果我的血壓不那麼低，我真願每天泡在沙灘上，接受那陽光、海水的洗禮，這樣不到半年時光，我的健康一定會恢復起來。

每灘上的岩石附近，不少的螃蟹、小蝦在陽光下奔走。有時在海灘上玩到黃昏，我才拖著留戀的腳步往回走。

這天傍晚，海灘上靜悄悄的，看不見一個人影，也許附近的村鎮舉行「大拜拜」吧。我一個人沿著海岸向北方游，海水並不涼，游了約莫三百多米，踩著水休息一下，但見前面五十多米處，矗立著一座孤島，島上有一個天然的礁岩洞，當地人給它取名「情人洞」。由於好奇心的鼓舞，我竟然游到了岸邊，踩著礁石，鑽進了「情人洞」。坐在洞中，遠眺夕陽、大海，我禁不住唱了起來。

「喂，老丁！」

突然，礁岩上有女人在喊我。但見黑蝴蝶披著柔美的秀髮，踩著石塊走上來。她那豐滿的胸部搐動不停，白裏透紅的肌肉，越顯得健美而誘人。她喘著氣問：「你在這裏等誰？」

「等妳。」我喜出望外，講話也就沒遮攔了。

「哼。」她的鼻子一皺，羞紅了臉，機警地向四周瞄了一眼，幽默地說：「這哪像病人講的話？」

「黑蝴蝶！」我拉住她的胳臂。她發出輕微的顫抖，身上緊貼在石壁上，那一對深邃的眸子遠眺太平洋，故意躲避我的眼睛。

「馬阿來嘎槁到利亞斯（阿美族語：我喜歡大海）！」我說。

她猛地轉回了頭，水汪汪的眼睛流露出驚喜的表情：「你跟誰學的阿美族話？」

我搖搖頭，故意不告訴她。

黑蝴蝶逼近了我，一步一步。眼睛迸射出踰規的野性的光芒，嘴裏不停地咕嚕：

「馬奧拉嘎槁給掃！」（阿美族語：我愛你。）

我迎上前去，伸出雙臂，抱緊了黑蝴蝶那豐滿的胴體……

蝴蝶沒有脊椎骨，但卻有一層薄殼狀的表皮，用以支撐身體，是為外骨骼。剛羽化的蝴蝶，她的外骨骼並不堅硬，翅小，呈囊袋狀。囊袋內有許多血管狀構造，經由體內肌肉的擠壓，體液衝向這些管脈，打開囊袋，變成又大又薄的翅異，然後翅翼的液體退回身體，而由肛門排出。這時外骨骼也變堅硬，翅也逐漸成形，便可展翅飛行，開始牠生命最後階段了。在此時期，蝴蝶最大的目的是求偶，繁殖後代，完成傳宗接代、種族繁衍的使命。……

等她睜開了眼，我發覺她的眼眶裏噙著淚珠。我緊張地問：「妳怎麼了？」

她搖了搖頭，把頭低垂下去。

「你要告訴我什麼話？說呀！」我追問她。

「阿嘎阿比里亞斯衣尼。」

轉過了臉，我向那浩瀚無垠的太平洋望去，茫茫一片。我的心默誦著剛才她說的話，「不要離開這裏」。是啊，人類原來如同一株小草，隨波逐流，只要它尋到一角陽光和土地，它便會在那兒埋下土壤，漸漸茁壯長大起來。作家雨果曾說：「人生是花，愛就是花中的蜜。」如果在這寧靜的依山傍海的農村，和這位年輕熱情的阿美族姑娘，從黎明到深夜、從青春到深夜、從青春到老死，永遠相親相愛廝守在一起，即使嚼芋頭片、喝山泉也是幸福啊！

海浪沖激著礁石，發出唰唰的巨響，接著海水泛出千萬粒白色的泡沫，宛似剛打開瓶塞的汽水，激起沙沙的水波，讓我看得眼花撩亂。這四周的大海的景致，在一個從山區長大的人的眼裏是陌生而新奇的。過去，我僅是從電影中見過汪洋大海，如果我和黑蝴蝶在此定居，像《冰島漁夫》描寫的那群水手，從生到死，一直活躍在浩瀚無垠的碧波之間，這是多麼變幻無常的人生啊！

「給掃阿拉棒棒！」（阿美族語：妳是蝴蝶。）

黑蝴蝶聽了我的話，哈哈笑了。她把頭靠近我的肩膀，撒嬌地說：「給掃阿雜紀那鹿！」（阿美族語：你是蜜蜂。）

凝望著浩波煙海的太平洋，我發出淒苦的微笑。聽啊，黑蝴蝶把我比成了採吸花粉蜜蜂，在春天裏終日飛舞花叢之間，牠是為了釀蜜而忙碌著。我聯想起京劇中的玉堂春，她由於命運不濟，從妓院被賣到山西洪洞縣為妾，後來因冤案押到太原，竟然碰到了年輕時的恩客王金龍。她在公堂內曾把對方比作「蜜蜂」，她說當他們年輕時，花開繁茂的春天，蜜蜂終日貪戀在花叢中；如今花謝時節卻失去了蜜蜂的蹤影……

「雜挨嘎阿來給叟嘎考？」（阿美族語：你不喜歡我嗎？）忽然，她挽住我的胳臂，鼓著疑惑的眼睛問我。

這讓我怎麼說呢？一個患著嚴重的精神衰弱症，而且還有慢性的胃病，如今住在這個僻靜的東部醫院裏，他有什麼條件去愛一個年輕健美的姑娘？若是被外面的人知道這件事，一定傳為笑話的。

我抱緊了黑蝴蝶那柔滑而微黑的腰肢，用熱吻代替自己的回答。半晌，她睜開了眼睛，似乎依然期待我再講些什麼話。

「雜挨嘎衣尼魯瑪阿槁。」（阿美族語：我的家不在這裏。）

黑蝴蝶凝聽著，點了點頭。

「衣來安利腰斯槁魯馬阿槁。」（阿美族語：我的家在海的那一邊。）我補充著說。

她轉過頭去，向那海茫漠的遠山凝望，似乎她想看到海峽對岸的遼闊而蒼茫的大地。於是，她抓緊我的雙手，誠懇地用國語安慰我說：

「過去的，都忘掉了吧！」

我怎能忘掉？當年我是噙著悲痛的淚水離開故鄉的。走遍了萬水千山，咀嚼著那充滿鹽質滋味的人生，故鄉的影子漸漸遠了、淡了；眼前所見，到處有青山，到處是斜陽，有時候興致高昂，我還吟起詩人李白的話：「夫天地者，萬物之逆旅；光陰者，百代之過客」……但是我卻忘不掉當年離家，我曾對著青山、斜陽發誓：等我將來長大賺了錢，我買一件時髦的棉袍，白綢圍脖兒，腳上是黑皮鞋，走起路來嘎嘎直響的，滿面春風返回自己的故鄉。這種從舊小說中獲得的「衣錦榮歸」的思想，想起來是多麼可笑，但卻又是多麼蒼涼啊！

「如果你不願意住在這兒，那天夜裏，你為什麼說那些話？」突然，黑蝴蝶噘著嘴，說出這些抱怨的話。

「我說了什麼？」我納悶地問。

「你真的忘記了嗎？」她的臉上現出激動的神情：「那天夜裏下大雨、停電，你當著許多人面前，對院長說：你擔心我值夜班害怕，所以陪伴我。這是不是你說的話？」

「是我說的。」我茫漠不解地說。

黑蝴蝶像受了委屈，渾身發出輕微的顫抖。她站起來，拉平了她的游泳衣，想走。我拉住了她的胳臂，她立刻掙脫了我的手，眼睛還迸冒出激憤的淚花，轉身跑出了「情人洞」……我眼看著她的年輕健美的背影，消失在蒼茫的黃氏的海濤中……

從此，我再也看不到黑蝴蝶的年輕健美的影子了……

拖了不到半個月，我服務的鄉公所三番兩頭催我回去，因為最近農村普遍豐收，新的農業機械猶如雨後春筍，出現在綠色的原野上；鄉公所的公文越來越多，把我們文書課忙得團團轉。他寫信催促我說：「最近鄉裏衛生所運來了一部X光機器，不論肺病、胃病、真病、假病，一照就靈。新到的西藥堆積如山，你別在山上當小和尚了，年過三十，你也該成家了吧。衛生所剛來一個白妞兒，身高約一百五十八公分，眼睛大、鼻子挺，聽說會寫新詩，我看配你倒是蠻合適的。不過此事千萬保密，因為愛說洋文的那位科員，對白妞追得很緊。可是大家看得清楚，這場戲的結局是——竹籃打水，一場空。你若再在醫院窮泡，我一定牽著狗去找你，我非叫狗咬掉你的舌頭不可！」

看著這封熱情洋溢的信，我已熱淚盈眶，恨不得當日趕回西部去。

但是，我怎麼忍心離開黑蝴蝶？即使臨走之前能夠見上她一面，我也了卻心願啊！

臨走的那天晚上，病房的全體病友，買了一個大西瓜、兩打黑松汽水，在屋後的鳳凰樹下為我餞行。一輪圓月，掛在夏夜的藍空。遠方的太平洋，正泛著粼粼的波影。有的坐著、有的站著，也有躺著的，大夥兒凝聽「氣喘病」的歌聲：

好花不常開，好景不常在。
愁堆解笑眉，淚灑相思帶。
今宵離別後，何日君再來？
喝完了這杯，請敬點小菜，
人生難得幾回醉，不歡更何待……

別人都捧腹大笑，而我的喉嚨宛如塞了一個芭樂核，直想哭了一場。

接著「火雞」拍拍屁股，扯起那讓人渾身起雞皮疙瘩的尖銳嗓音，唱起唐山落子

「老媽開唠」。這時我的眼淚已流近嘴邊。他唱的是：

小老媽兒，在上房，

打掃塵土嘛，您哪……

剛唱了兩句，有人吼了起來：「阿珠，來參加晚會，妳也表演一個節目怎麼樣？這正是夫唱婦隨哩。」

「考腰！」兩三個人連拖帶拖，阿珠只得走了過來，嘴裏不停地笑罵著。等她坐在椅子上，這個倒汽水、那個遞西瓜，把她恭維得像西太后一樣。

正當大家鬧得正酣，我悄悄走近阿珠，輕聲問道：「黑蝴蝶怎麼一直找人代班？她到底是病假，還是事假呢？」

月光下，我發現阿珠的胖臉上堆滿神秘的微笑：「籠總有啦。」

「她得了什麼病？」我緊張地問。

「吃了東西就吐，沒有關係啦。吃一包胃散就好了。」阿珠眨巴著眼睛說：「有人向她求婚，她家裏人贊成，她不知怎麼搞的，總是掉眼淚、想哭，真是神經病！」

「誰向她求婚？」我心朝下一沉，茫漠地問了一句。

阿珠把杯子往桌上一放，甩兩隻手作成圓圈，套在眼睛上。是啊，我早就看出「四眼田雞」在追求黑蝴蝶。明明他們是最理想的一對，但是我卻湧出酸溜溜的滋味。眼前宛如有千萬隻五彩繽紛的蝴蝶，正追逐飛舞，讓我眼花撩亂，不知是血壓過低抑是睡眠不足，我幾乎暈倒在鳳凰樹下了……

公路局的汽車，沿著依山傍海的寧靜公路奔馳。我倚靠車窗，向那浩瀚的太平洋眺望，淚眼朦朧，我彷彿看見那位穿黑色游泳衣的年輕健美的姑娘，正站在沙灘引吭高歌。我低下了頭，默默地祝福著：

「阿拉棒棒，馬奧拉嘎槁給掃！」

內垵村秘史

蒲松齡有言：「人間三恨是病中月、愁裏雨，客邊秋。」

沒有人聲吶喊，沒有塵土飛揚，也沒有駿馬嘶鳴，只有一縷似血朝霞，普照在寂寞的沙灘上。沙灘的銀色沙粒，晶瑩發光，像被人灑下了千萬顆鑽石碎粒；偶爾沙灘鼓起一個水泡，剎那間鑽出一隻小蟹或蝦子，它們狡猾地向四面瞄上一眼，便悠閒地去奔走覓食了。

在遠方那座巨石底下，躺著一個睡懶覺的年輕人。一動不動，睡得像一堆爛泥。過了將近一個時辰，一對父女划著舢板靠近海灘。女孩兒約莫二十出頭，雖然皮膚曬得稍微黑一點兒，但明眸皓齒，身材健美，楚楚動人。她跳下了舢板，淌水走近巨石，回頭向父親喊著：爹！這裡躺著一個死人！

也許女孩嗓門過高，死人像蠶一樣蠕動一下，睜開了眼睛。就在這一瞬間，兩個年輕人看得定神，心內頓時爆出愛的火花。於是，父女倆將這名掉隊的英俊青年抬上舢板，人不知鬼不覺駛回了禾寮村。

老漁夫懷著戒懼的心情，請來一位年高德劭的中醫，替年輕人把脈診斷，又仔細觀察他右小腿發腫的患處，便輕聲告訴老漁夫：這是由於風濕、肝火侵入皮膚引起的：若在臉上稱為抱頭火丹；若在胸口稱為內發丹毒；如今這個年輕伍卒的右腿腫脹發炎，不能動彈，這種病稱作流火，先服藥膏清熱解毒，我再為他小腿敷上藥膏，只需十天光景就可行動了。

老中醫臨走，丟下一句笑話：若將來這年輕人和你家金鳳完婚，可別忘記請我喝杯喜酒。

窗外傳來陣陣春雷，轟隆隆，震得地動山搖，窗櫺嘎嘎作響。不，這不是春雷，而是盤據在赤嵌城的荷蘭軍隊，妄圖用火砲阻撓鄭成功的官兵的進攻。只要轟隆響一下，年輕異鄉人的臉上頓時發出冷笑。金鳳姑娘坐在床邊，不解地問：你笑什麼？

紅毛鬼子咋知道國姓爺的厲害？螳臂擋車，不自量力，可笑可笑！他笑累了，昏然閉上眼睛。

金鳳聽不懂他的文謅謅的話，但卻悟出他心繫反荷復國戰事。昏迷多日，如今燒方退，剛喝下半碗米粥，便操心軍國大業。這次隨同鄭成功自廈門渡海來台的伍卒共達數萬人，少了你一個徐剛，難道對於這場戰爭發生影響？若是我父女倆沒及時把你抬回來，求醫診治；等丹毒隨血液進了心臟，你便一命嗚呼，見了閻王！徐剛啊徐剛，你一睜開眼，不向我金鳳説一句感恩的話，卻滿嘴安邦靖難道理。早知如此，我何苦夜以繼日為你燒湯煮藥，想不到徐剛卻是一個負心漢子……金鳳嘆了一口氣，她感到有些失望。

十日過後，徐剛已康復如昔，他面色紅潤，飯量大增。只是對眼前攻襲赤嵌城戰事，異常關切。於是他向老漁夫提起歸隊的願望。老人質樸善良，如今見這年輕伍卒起死回生，喜出望外，內心雖想留他，卻也難以啓齒。他轉頭朝金鳳瞅望，女兒卻耷拉著頭，帶著難捨難分的憂容。如今，老漁夫只得開腔問話：

你是哪裡人？

泉州。

成親了麼？

我徐剛自小父母雙亡，靠祖母撫養長大，況且家境貧寒，身為軍旅伍卒，哪有能力娶妻？

我有意把女兒許配給你，你有什麼意見？

這次渡海途中受到風熱、肝火侵身，患了流火急症。幸虧伯父救我一命，恩同再造；金鳳妹子服侍湯藥，更讓我終身難忘。如今，荷蘭強盜霸佔台灣，紅毛鬼不滅，我怎敢成家？

若將來趕走紅毛鬼呢？老漁夫問了一句。

你是衣錦還鄉，返口泉州？金鳳插話。

不，我要和妹子同拜天地，結為夫婦。地老天荒永不分離，在台灣安家落戶。徐剛誠懇地說。

林金鳳，這位質樸善良而多情的姑娘，感動得熱淚盈眶。背過身去，她悄悄用衣角拭乾眼眶的淚水……

徐剛投入緊張的戰鬥中。他們在鄭成功指揮下，圍攻赤嵌城，擊潰敵人從巴達維亞派來的援兵。經過八個月的血戰，在康熙元年也即是一六六二年二月一日，荷蘭總督揆一投降，台灣重回祖國的懷抱。鄭成功建立行政機構，推行屯田，促進了台灣社會經濟的發展。不幸的是鄭成功在台灣光復五個月後病逝。

徐剛脱下戎裝，回到禾寮村和林金鳳成婚。夫妻二人放棄打魚，改業務農：晨挑菜，夜看瓜，春插秧，夏澆麻；他們的兒孫陸續向嘉南平原發展，繁衍綿延，這樣度過三百多年，徐家後輩兒孫對於祖先的唯一印象，那便是掛在客廳內的兩幅水墨畫像：

徐剛光頭，留鬍。面貌清秀。眉宇間流露一股英氣。林金鳳梳髻，瓜子臉。肩稍寬。是一位古典美人。

畫像供台一年到尾擺著塑料彩色瓜果，雖逼真卻不能食用；甚至連三炷香及兩隻紅燭，火花閃爍，那也是塑料偽品通上電流而發出耀眼的光明。

徐家的後輩兒孫每到春節和婚喪喜慶節日，一定跪在兩幅祖先畫像前行叩拜禮。

三百多年，一直沿襲至今。

●

禾寮村瀰漫著濃烈的鞭炮氣息。從夜半到黎明，輕脆的爆仗，在濛茫而淒冷的天空發出劈啪的響聲。白天，那些放了寒假的孩子，從陰暗的房屋被大人趕出來，他們唯一的娛樂就是燃放鞭炮，劈哩啪拉，此起彼落；這種熟悉的聲音喚醒人們：光陰如箭，猴年過去，雞年來臨！

面向大海的一座兩層樓的建築，並不怎樣顯眼，它是台灣光復那年蓋起的。經過十年的日曬雨淋，牆壁已呈斑剝狀態。只是徐家歷代都出讀書人，貼在門前的春聯，別具風格，令人矚目：

猴攀玉樹摘壽果，

雞上高枝喚春陽。

徐天保為了書寫春聯，昨晚等兒孫都已熟睡，他才開始磨墨、裁紙，讓老伴作助手，並握起毛筆揮舞起來。每年，皆由他撰擬春聯詞句，再親筆書寫、張貼，數十年例行的工作。老伴問，若是將來他年邁力衰，拿不動筆的時候，誰來接替他的這件工作呢？徐天保一面寫春聯，支吾不語。半晌，他苦笑著說：兩個兒子拿起毛筆，像拿掃帚一樣，只有維萍能寫大字，可她將來嫁出去怎麼辦？想起這件事我就發愁。老伴捂嘴直笑。嘻嘻！這件芝麻大的事情值得發愁麼？每到過年時節，台南市到處都有賣春聯的。買的既方便，又省得磨墨、書寫，還等它晾乾，多麻煩啊！

你不懂啊！徐天保嘿嘿直笑。他對書寫春聯的情趣，像魚兒在水中泅游，其樂無窮。在日據時期，徐天保苦練書法顏、柳的基本功，在別人眼中這是一樁蠢事，而他卻自得其樂。他搜盡了流傳坊間古帖、碑文、楹聯，並汲取了米芾、張瑞圖、孫過庭的前人風格；然後從海潮漲落、流水行雲的大自然間，領會書法的內蘊和點劃、線條結構。經過長期的磨練，行、草、隸、篆，不僅佈局清新，而且富於藝術魅力。

如今，徐天保握著毛筆，為客廳門楹書寫對聯：

梅開鶴舞千香瑞，

人壽年豐萬户春。

往年，寫春聯是徐家父女二人的事，老的寫，小的裁紙、拉紙、晾春聯，貼春聯，以及做些收拾筆墨紙硯，清理桌面等工作。可是維萍拖到臘月二十九尚未返家，這個工作便落在母親身上。澎湖冬季風浪大，船隻少，旅客擁擠，但也不能拖延這麼久啊！徐天保是個急性子，他一想起女兒，便發牢騷：趕快嫁出去吧，免得讓我操心。女大不中留，留來留去留成仇。老伴低聲勸他：急啥？也許女兒有了男朋友，趁著放寒假，兩個人多聚幾天，這也沒什麼不對，維萍已經二十三了，不是小孩子啦。

徐天保聽了老伴的話，火上加油，內心愈加焦灼不安。原來女兒師範學校畢業，分發馬公小學教書，他就不放心。從光復以後，馬公便駐防軍隊，而且海軍還在對面測天島停泊艦艇，一到假日，馬公街頭盡是穿老虎皮、操大陸口音的軍人，女孩子住在老虎洞門口，日久天長，一定被老虎叼走！每到寒暑假女兒回家，徐天保總是千囑咐、萬囑咐，遇見老虎趕快跑，莫回頭；老虎要抓你用力吼，警察會跑來將你救走。徐維萍把嘴一撇，爸呀，您這是幼稚園的教材，哄小孩兒的。老人家最後亮出底牌：即使將來當尼姑，也絕不要嫁給大陸人！

有一次，女兒曾經跟父親頂嘴：咱們徐家第一代，是從福建泉州來的，還是鄭成功手下的伍卒。為什麼到現在您反對我嫁給外省人呢！那日，徐天保發了脾氣，順手把他一隻心愛的紫砂茶壺摔得粉碎，嚇得維萍哭了半天，但是他卻一直沒講出理由來。

鞭炮聲音，一忽兒密，一忽兒稀，從夜半到天明，禾寮村的鞭炮就沒停止過。除夕早晨陽光衝出雲層，徐維萍提著旅行袋回了家。徐天保的心像石頭落了地。

怎麼才回來？他打量著女兒問。

帶花生酥了嗎？阿姑。四個小孩兒圍了過來。她拉開旅行袋的拉鍊，掏出一盒花生酥，每人分了一塊，打發走了。她拿出一顆文石印章，交給父親，又拿出一串珊瑚項鍊送給母親。

你瘦了。母親接過項鍊，撫摸女兒的長髮，心疼地說。

談戀愛，當然會瘦。徐天保說。

女兒瞪了爸一眼。爸，拜託！也許人家晚上來吃年夜飯。您可別像警察一樣調查户口。我先給您敬禮，拜託。雙腳靠攏，卡地一聲，馬上來個舉手禮。

哪兒人？老爸開始調查户口。

原籍澎湖，不過他身分證是江蘇徐州。

為什麼這麼複雜？

他的祖父是澎湖漁翁島人，作過清軍伍卒，駐防西嶼堡壘。甲午中日戰爭，清軍失敗，締結馬關條約：割讓台灣、澎湖。他的祖父跟隨部隊渡海回了大陸，後來解甲歸田，落户徐州……

老爸苦笑。

女兒順水推舟，摟住徐天保的胳臂：您同意啦？

你的歷史還可以，早知如此，你應該上高中，考大學歷史系。

我的地理也很棒。她在自推銷。

少臭美。我問你，那個人是幹什麼的？

他的專業是電機。音樂素養不錯。他是游泳運動員。而且他精通紫微斗數……

擺卦攤算命先生？

爸呀，你是怎麼這樣說人家？女兒撒嬌，藉以緩衝緊張氣氛。

母親插嘴問：不會是一隻老虎吧？

維萍低聲說：可是老虎跟老虎不一樣。

母親一聽大怒：他是啥老虎，你說！

海軍電機中士。

滾他個蛋！老爸發起虎威：我早說過，女孩子住在老虎洞門口，一定給老虎叼走。怎麼樣？我的話沒錯吧？海軍最風流，會打彈子、會跳舞、會吃豆腐，他們到處留情，每一個碼頭都有女人！……這小子今天膽敢進門，我先砸斷他的狗腿，再扭送他進派出所！

不知什麼時候，維仁、維義也走進客廳。維仁年僅三十，卻已是兩個兒子的父親，他沈默寡言，是一個很本分的營造廠商人。維義出身農專，愛好體育，他目前在農會工作，尚未結婚。維仁見父親發脾疑，不敢吭氣。維義卻挺身而出，為維萍解圍：爸，維萍交男朋友、結婚，是她的終身大事。她既非傻瓜，又不是白痴，您老人家操那麼多心幹麼？再說，人家來我們家作客，您也不能打他，罵他，更不能把他送派出所！

老爸的心太狠了！維萍熱淚盈眶，噘嘴說。

客廳的人沈默不語。

傍晚時分，一位不速之客，出現在徐家門口。此人身高一米七，圓臉、箭眉、目光炯炯，年約二十七、八歲。身穿藏青色西裝上身，繫米黃色領帶，著灰色達克龍料西褲。他提著一隻旅行袋，似返家過年或是出門旅行。他正站在門外欣賞那副春聯。

徐天保站在樓窗前，向這個青年打量，只看外貌灑脫不俗；後來見那人面對春聯流連忘返，心中格外高興。莫非這個青年也能領悟出他的即興美感？

正凝思時，他發現女兒迎出門外，兩人講了幾句話，那年輕人竟然跟著維萍走進家門。他恍然明白過來——女兒把老虎引來了！

他換了一件漂亮的夾克，穿上西褲，走進洗手間抹了一把臉，聽見維萍站在樓梯口輕聲喚他：爸，石志遠來了。您下樓跟他講幾句話吧？拜託，您可別罵人家，人家還帶來禮物……

老虎戴素珠，假充善人。徐天保皮笑肉不笑，故意擺出十分不滿的神色。

女兒面色蒼白，不知如何勸慰父親。只有躡著腳走下樓去招呼客人。

老實說，徐天保是一位從善如流的人，也是一位維護傳統文化的民族主義者。在萬古如長夜的日據時期，他堅持苦練書法，學習漢文，這種高貴的品質，博取禾寮村民普遍的讚揚。他愛儒家傳統文化是基於飲水思源的純潔感情，他熱烈迎接台灣的光復也是胸懷高潔的民族愛。民國三十六年二月二十七日，台北的查緝員和警察毆打香菸小販，並開槍打死市民一人，翌日台北市民舉行罷市遊行請願，提出了懲凶、賠償、取消專賣局等要求。由於處理不當，爆發了大規模的示威行動，全省籠罩於慘霧愁雲之中。徐天保為了維護台南縣青年的安全，主動出面進行交涉，卻被顢頇無理的軍警逮捕，造成親者痛仇者快的歷史的誤會。後來，徐天保走出了監獄，但是他的心靈的創傷難以平復。他開始仇視海峽對岸來的人，不管士農工商、軍警公教人員，都看不順眼，因為他對大陸人太失望了！

偏是自己最疼愛的女兒，而且只有這麼一個女兒，卻跟外省軍人交朋友，而且是情投意合，這讓徐天保怎麼辦呢？

客廳內只有一對年輕男女，低聲談話。徐家老小七口人，不知躲在廚房還是臥房避難。老虎進了家門，當家的不露面，誰也不敢強出頭，給老虎咬一口可不是好玩的。

知父莫如女。徐天保步入客廳，開始調查戶口：

貴姓？

石志遠。

府上何處？

江蘇徐州。

聽維萍介紹，你的祖先是澎湖人？

這個，那個……小水兵楞了一下，有些緊張，好像講演忘記稿子，直吃螺絲：我們這艘長安號砲艇，一直駐防馬公測天島，屬於海軍四〇五七部隊指揮。對不起，這是保密規定，其他的我不能多說了。

你家裡現在還有什麼人，這不違反保密規定吧？

我家有五口人，我父親在徐州彭城路開中藥店，我母親管家務，還有兩個弟弟上中學。

你在徐州沒有結婚？

小水兵想笑，卻不敢笑。紅著臉說：我離開徐州才十七歲，還沒有發育，怎能結婚？

不過。有些七八歲的男孩，便娶了童養媳，還有剛生下來結婚，娃娃親。大陸的風俗，我多少還知道一些。石先生，請喝茶。我很納悶，你是石家的長子，你跑出來逍遙，把父母丟在家鄉，未免不盡孝道吧？

石志遠理直氣壯回答：忠孝不能兩全。

很好。你的口號很響亮。徐天保轉臉對女兒說：叫你大哥去放鞭炮，咱們吃年夜飯吧！

晚暮像海水一樣湧進禾寮村，剎那間掩沒了樹木和房屋。劈哩啪拉的鞭炮聲，驅散了石志遠心底的混亂不安情緒。他是一個敏感的青年，自尊心強，剛才徐老先生和他一席話，他聽出對方是輕視他、諷刺他，若非為了徐維萍，他一定扭頭就走，永不回頭。但是他深愛徐維萍，即使挨罵受辱他也願意忍受。他給徐家帶來不少禮物，烏魚仔、臘肉、香腸、瓜子、糖果、橘子，還有兩盒澎湖特產花生酥。飯後，徐維萍帶她男友去海灘散步，徐家老小聚在客廳開會，對於小水兵進行討論，其中有褒有貶，有好話也有批評，誰也摸不透徐天保的底牌。最後他下了結論：交朋友，我沒意見，若是兩人結婚，我堅決反對。我可捨不得把女兒拋到大陸。

海灘空氣清新，嗅不到鞭炮氣味。兩個青年男女手牽手踏著月色前行。遠空的爆竹聲，觸起石志遠濃重的鄉愁，走著走著，他唱起李叔同的「憶兒時」：

春去秋來，歲月如流，遊子傷飄泊。
回憶兒時，家居嬉戲，光景宛如昨。
茅屋三椽，老梅一樹，樹底迷藏捉。
高枝啼鳥，小川游魚，曾把閒情託。
兒時歡樂，斯樂不可作。
兒時歡樂，斯樂不可作。

他的歌聲由蒼涼而喑瘂，最後不禁熱淚滿腮了。人是充滿矛盾的動物，當他在故鄉時，總想衝出樊籠，展翅遠飛，追求茫漠的理想；但等他一旦置身異地，卻又懷念往昔的歡樂笑語，以及淡淡的哀愁。他尋到一塊平坦的岩石，坐下來，談起這首歌詞作者當年東渡扶桑，學習藝術，後來回到西子湖畔，卻削髮為僧，割絕人間的情緣。

徐維萍凝聽他的談話，沉浸在李叔同如詩如畫的意境中。仰起了頭，見明月破雲而出，將大海灑下一片銀色的潔輝。她不禁伸展右臂，唱起李叔同的「送別」：

長亭外，古道邊，芳草碧連天。
晚風拂柳笛聲殘，夕陽山外山。
天之涯，地之角，知交半零落。

一瓢濁酒盡餘觀，今宵別夢寒。

……

石志遠抓住她的柔臂，激情地說：別唱了！咱倆永不會分手，你唱「送別」作什麼？

徐維萍感動地熱淚盈眶，她脫去了外套，伸開了胳臂，緊緊抱住了對方，嘴裡囁嚅著說：「我對不起你。臨分手前，讓我把一切都獻給你吧！」

不！石志遠掙脫她的手，痛苦地向遠方走，他那寬大的肩膀搐動不已，她知道石志遠正低首哭泣。唉唉，愛情說是甜蜜的，為什麼如此辛酸痛苦啊！

●

石志遠的文學根基不錯，歌喉渾厚悅耳，但他在徐州讀書時期功課並不理想，數學、理化都不及格。高中是在雲龍中學混出來的。抗戰勝利後，徐州青少年有個順口溜：沒有能，上雲龍；沒有法，九一八。換言之，凡是學業很差，走投無路的學子，只有進雲龍中學或九一八中學。

雲龍中學位於雲龍山麓。石志遠遇到數學、理化課程，因為聽不懂，索性溜出校區，爬雲龍山去遊逛。雲龍山南北聳列，長約二公里，因它峰巒起伏如一條龍，故名。其西有雲龍湖，湖北面有蘇堤，它是北宋名詩人蘇東坡作徐州知府時，為了抵禦黃河決水所築。曲廊水榭，綠樹成蔭，確為風景幽麗勝地。石志遠在這如詩如畫的環境中，讀了不少現代文學作品，也開始了新詩寫作。

由於內戰的影響，從晉南、蘇北、豫東等地逃難的人民，齊聚徐州，促成人口急遽膨脹，物價飛揚；再加上軍隊增援徐州，卡車、吉普車、飛機、大炮，給這座古城帶來戰爭的氛圍。

濟世堂中藥店位於彭城路東端，隔壁是一家電影院，因此不管晝夜，行人如織，非常熱鬧。石增發老闆年近五旬，同字臉，中等微半身材，是一位不苟言笑、稍顯木訥的商人。他的醫術不錯，過去也曾掛牌行醫，日軍盤踞時期，一個偽警患傷寒病前來求醫，服過他的兩次藥，熱度漸退，病情好轉，孰料那偽警貪食，以致撐破腸子，流血而亡。偽警察局趁機訛詐，搞得石增發焦頭爛額，瀕臨倒閉邊緣。從此他萬念俱灰，摘下行醫招牌，做一名本分的藥店商人。

石增發原指望長子石志遠高中畢業，投考江蘇中醫學院，將來繼承他的衣缽，把祖傳的濟世堂闖出名聲，像北京同仁堂名享海內外。可是石志遠志不在此，整天研究藝術、新詩，這在石老闆眼中是左道旁門，不務正業。因而日久天長，父子心靈之間築起鴻溝。生活負擔重，中藥生意冷清，使石增發終日愁鎖眉頭，因而常向長子發脾氣。石志遠存心躲避父親，兩人如同陌生人一樣。

有一天，石增發周轉不靈，吩咐志遠帶了二十塊銀元去街上換金圓券。那時貨幣貶值嚴重，清晨一斤大米五千元，當日傍晚便漲到一斤七千元。徐州彭城路市場一帶，每日皆有手握銀元嘩拉嘩拉招搖過市的販子，買賣銀元。當時銀元以民國三年鑄造的價格稍高，因有袁世凱鑄像，稱為袁大頭；其次是民國十年鑄造、有孫中山鑄像，稱為小頭，價格略低。大抵買來的銀元，只要輕敲一下發出嗡嗡的脆音，便是真正銀元，否則就是偽品。石志遠是個粗心大意的小青年，他走近販子，問了一下行情，便將換來的一捆嶄新的金圓券紙幣，裝進小布袋裡，提著回了藥店。誰知石增發打開鈔票一看，只有一疊是鈔票，其他疊封面、底頁是鈔票，中間夾的都是光亮的白紙。這二十塊銀元並不是小數目，當時他氣得面色蒼白，幾乎暈厥過去。

爸，您甭生氣，我去找那銀元販子去！石志遠提著一布袋白紙，跑到市場，從東頭找到西頭，從晌午找到晚上，人海茫茫，他再也尋不著那個戴鴨舌帽，滿嘴香菸味的銀元販子。直到彭城路的商店燈火輝煌，石志遠才拖著蹣跚的腳步走進濟世堂中藥店。

石老闆瞪大了紅眼珠，揚起了胳臂，啪地一聲搧了兒子一耳光！打得他滿眼冒金星，耳膜像拉警報，一直拉了半個多月。他跪在地上，悔恨交加。翌日傍晚，他找到一隻匕首藏在腰間，跑去市場附近尋找仇家，只要碰上的話，白刀子進去，紅刀子出來，即使坐牢賠命也心甘情願；可是，他等了一兩個月，卻始終不見仇家的蹤影。

夜裡石志遠總是做惡夢而哭醒，他變得像個小孩子，老是認為父親不疼他、不愛他，他大抵是被領養的孩子。他夢想有一日父親悄悄把他喚到面前，撫摸他的肩膀，慈祥地說：丟掉這點錢算什麼？爸爸毫不在乎。只要咱全家平安，度過亂世，這就叫做幸福。他會跪在老爸膝前，抱頭大哭一場！

等了將近半載，父親始終不看他一眼，他失望了。

秋天，雲龍山的樹葉枯黃一片，從四面八方湧來的難民，聚集在車站、學校、廟宇和教堂。由於物價飛漲，每日發生搶劫、械鬥事件，這座風沙遍地的城市變成無王的蜂窩，混亂至極。石志遠終日像熱鍋上的螞蟻，他急著想逃出家的樊籠，即使在外面吃糠嚥菜、作牛作馬也心甘情願。

有一天，石志遠從徐州日報看到一則廣告，海軍招考水兵，凡年滿十七歲具有高中程度者，均可前往報考。石志遠從未見過海，只在圖片或電影中見過，若是將來乘長風破萬里浪，遨遊四海，那是多麼有趣的事！他起先瞞著家人悄悄報名，參加考試，不久接到錄取通知，限他在十日內前往上海報到。石增發得知這消息，躊躇不已，眼見生活艱難，而且志遠對藥商毫無興趣，索性讓他插翅南飛，也許可以打開一條出路。石志遠整好行囊，帶了兩三本文學小說，離家南行，到了上海海軍軍區報到。待了半個多月，他便搭乘江安號登陸艇駛往台灣左營，進了士兵學校受訓。

有關石志遠和徐維萍相識的過程，非常富於傳奇性。那年五月初，一艘砲艇在福建沿海和共軍艦艇相遇發生戰鬥。我砲艇火力弱，而且距離閩江口不遠，共軍兩艘砲艇企圖將我砲艇攔截駛進閩江口，幸而友艦及時前往支援，最後那艘砲艇才衝出包圍，駛返澎湖基地。砲艇受傷的十多名官兵抬進醫院，因血庫存量不夠，立刻發出這項緊急消息，不少民眾聽了廣播紛紛前往海軍醫院捐血。

石志遠和幾個戰友趕到醫院捐血，他躺在行軍床上，挽起衣袖，接受抽血，發現隔床上的一位明眸皓齒的少女，正跟護士談話。

你給我抽多少CC？

二百CC到五百CC隨你的意思。

我身體好，過去在學校是排球隊員，請你給我抽一千CC吧。

護士尚未回答，石志遠吃了胡蘿蔔閒操心，急忙提出建議：初次輸血，最好別超過三百CC，如果搞壞了身體，那並沒有達到愛國目標。兩個小姐聽了直笑，最後捐血者對護士說，給我抽三百CC吧！

石志遠聽了很高興。出了醫院，他跟那個輸血小姐展開外交活動。

我叫石志遠，你貴姓？

徐維萍。

你在哪兒工作？

馬公國民小學。

你是澎湖人麼？

不，台南。

石志遠想騎機車送她，她堅持搭交通艇回馬公。自此一別，石志遠再也未見到她，次日他服役的長安號砲艇駛往金門。

在風沙料峭的料羅灣，在寂寞的巡弋航途，石志遠鼓足勇氣，滿懷質樸的熱情，給遠在澎湖的徐維萍寫信，他談起福建沿海的風光，談起島上的軍民生活，以及對她的懷念，不久，他收到那個小學教師的回信；從此兩人書信往來頻繁，不僅增進了友情，而且彼此也有了比較深刻的認識和瞭解。

那年冬天，長安號駛返馬公整補，並進廠進行修護，這是一段悠閒的日子。石志遠和徐維萍沉浸在幸福的暖流中。他倆漫步在柔軟的沙灘，談著現實生活，也談起茫漠的未來。有時石志遠熱情地拉著她的雙手，向她求婚，她總是羞紅了臉，低下頭去，默默無語。男人多半粗心，難以理解女孩子的心理，她對這件事實在無法回答。她的父親對外省人印象不好，過去曾對她說：阿萍啊阿萍，你交男朋友，我絕不干涉，唯獨有一個條件，你絕不能跟大陸人來往；如果你和大陸人結婚，咱父女一刀兩斷，別進徐家的門檻兒。這是埋藏在徐維萍心底的秘密。她迎風吃炒麵，張不開嘴啊！既不能和石志遠結婚，而且又真心愛他，這可成了一個難題。

在那民風淳樸的島上，青年男女走在一起，看電影、吃小館也會引人側目，甚至議論紛紜的年代；特別是作為一個為人師表的小學教師，徐維萍怎敢和一個水兵過分親熱呢？男歡女愛，乃是人類的原始本能，用不著別人的調教傳授，他們便會懂得如何避開別人的耳目，偷偷地去幽會擁抱了。這一對青年情侶的約會是珍貴的、艱苦的。石志遠離艦外出，只有短暫的數小時，除非遇到國定假日，輪到他的休假，他才可以和女友盡情地消磨一段甜蜜的時光。他倆約會的地方是沙灘和防空洞，每一次約會總發生齷齪事件，令他們啼笑皆非，雖然當時感覺難堪，但當兩人分手後，躺在床上回憶起來卻其味無窮。

馬公的沙灘景致奇美，而且寧靜，若是傍晚時分，坐在柔軟的沙灘，欣賞變幻無常的晚霞，凝聽潮水沖刷沙石的聲音，而且可以嗅到沁涼的略帶腥鹹的大海氣息，確實令人流連忘返，心曠神怡。他倆時常躺在雞籠頭的海灘幽會，那兒既無漁船停泊，也罕見人影，即使偶爾有一、二位愛好文藝的青年，坐在沙灘吹口琴、拉小提琴，或是倚靠岩壁在閱讀《復活》、《基督山恩仇記》之類的小說，他們也會悄然無語，絕不會對這一對青年情侶有絲毫干擾。但不幸有一個傍晚，十幾個遊手好閒的年輕人，在L形的堤岸散步。有的吹口哨，有的發出刺耳的吼聲，有的唱歌，有的喊叫起來：加油啊！保持點距離呀，懷了小孩怎麼見人哪！喊聲愈來愈高，驀地一根甘蔗頭，從遠處擲來，恰巧砸在石志遠的背上。

走吧。石志遠挽起她的胳臂，轉移陣地。堤岸上的搗蛋鬼，鼓譟起來。

好不好？妙不妙？打個克司刮刮叫！

喂，小伙子！好好招待徐老師，別動手動腳上下一一齊來！

別走了，走遠了回不來啦。等潮水上來，你們倆到龍王爺那兒談戀愛去吧！

哈哈！戀愛！啥子戀愛，精蟲作怪，哈哈！

若不是寡不敵眾，石志遠真想掉回頭去和他們大幹一場。士可殺而不可辱。走在他身旁的徐維萍，低聲勸他，別生氣，生這種閒氣才划不來哩。以後我們不到這兒來了。石志遠氣急敗壞地說，不到這兒，上哪兒去呢？忽然，堤岸上的痞子喊起來：

小伙子，鑽防空洞去吧！

小心防空洞裡有屎、死老鼠，還有死人骨頭！

痞子的吼叫給石志遠帶來了希望。對，鑽進防空洞。任何人都看不見他們，真是消遙自在。他笑了，感謝痞子，為他指出一個戀愛的幽靜地方。對，下次換個約會環境也許更有新鮮，更刺激呢。

所謂防空洞也者，乃是太平洋戰爭末期！日軍盤踞在澎湖列島，為了防備美軍飛機的轟炸，所以勒令居民修築了不少防空洞壕。但也有些明堡、暗堡，如今早已荒蕪，成為野鼠憩息之地。他倆為了尋找既寧靜而又空氣新鮮處，時常去測天島濱海的一座暗堡幽會。躲在暗堡內，一縷陽光從射擊口投射進來，使他倆既聽到海浪的澎湃聲，也呼吸到新鮮的海風。經過將近一年時光，從未發現死老鼠或骨骸。有一天，石志遠嘮叨起故鄉的往事，順手拾起地上一根木棍兒，捏弄半晌，無意間把手揍到鼻孔一嗅，我的天！一股臭味兒。原來是一坨狗糞，兩人笑成一團，趕緊鑽出暗堡到海邊洗手去。

測天島沿岸的風景奇美，月牙形的沙灘，種植野菠蘿、木麻黃，還有數棵濃鬱的鳳凰樹，樹下綠草如茵，正是情侶幽會的好去處。他倆躺在鳳凰樹下，看月亮、數星星，熱情擁吻，石志遠激動地說：「阿萍，咱們趕快結婚吧，我真憋不住了。」

徐維萍聽了他的話，不笑，卻想哭。

●

天剛破曉，半屏山菜市場已經擠得水泄不通。昏弱的燈光下，魚攤、肉攤、蛋攤和菜攤前，顧客正和小販談價錢。由於這座菜市場是批發價格，所以不少機關、學校或企業單位伙食團採購員，多半趁天亮以前趕來買菜。石志遠為了貪圖便宜，他每次回家總抽空買一批菜，塞滿冰箱，然後再騎自行車趕往軍區碼頭。

石志遠並不太會買菜，每次總買回固定的菜碼：芹菜、高麗菜、豆腐、豆角、牛肉、虱目魚，另外是半隻豬頭骨，那是準備燉湯的。徐維萍生馨兒時，石志遠時常燉豬頭骨。每次他買半隻回來，先以清水沖去汙穢，接著燒開一鍋水，將骨頭放在沸水中，煮三分鐘，然後撈起來，倒掉鍋中不乾淨的血汙水，開始燉豬頭骨。大抵燉上半個鐘頭，揭開鍋蓋，可見白花花的肉湯，像牛奶一樣。石志遠切上一點蔥花、芫荽，灑上一點鹽、舀上一碗，送到產婦的床前。喝唄，喝了有奶。一人吃，兩人補。徐維萍笑出了眼淚。

你不喝一碗麼？

你甭管。我另有打算。石志遠用刀叉剔下骨頭上的肉，切成粒狀，灑上醬油、麻油，吃起來真過癮，像《水滸傳》裡的魯智深吃狗肉一樣。

等到馨兒會坐的時候，徐維萍喝成了小胖子。她埋怨丈夫，當初不應該讓她喝那麼多豬頭骨湯。石志遠也瞭解其中原因。但是他每次去菜市場，看見肉攤上用鉤子掛的血糊淋漓的豬頭骨，總是買它半隻，因為比較便宜，即使只剔骨頭肉吃也比買肉划算。

你呀，死腦筋，澎湖的嘮咕石一樣。徐維萍時常批評他。他只是咧著嘴巴笑。有時還順水推舟，脱去外衣偎近她，吻她，想趁馨兒熟睡的剎那，進行拂曉突襲。

走，走，走，少囉嗦！六點一刻了，你們砲艇不是七點出海嘛？我也得起床了！

石志遠步出溫暖的臥房，推起自行車，心亂如麻，從他和徐維萍結婚三年來，每當他走出家門，去碼頭，他心裡總像塞了一團亂麻，難過至極。等到船出了海，飄搖在澎湃的台灣海峽，他的心才逐漸寧靜下來。雖然他們小倆口靈犀相通，從無隔夜的話；但美中不足則是徐天保為了這門親事，竟和女兒斷絕關係，三年來，徐維萍從未踏進禾寮村的家門。逢年過節，石志遠思念徐州，暗自流淚，徐維萍掛念父母，黯然神傷。偶爾小倆口發生爭執，徐維萍總會發起牢騷：我爸説得對，男怕幹錯行，女怕嫁錯郎，我這一輩子算倒了楣啦。

其實徐維萍並沒有倒楣，她和自己心上人結婚，頭胎便生了一個白胖的兒子。她的母親聞訊趕到林婦產科醫院，看過久別的女兒，看過剛降生的外孫，臨走從皮包內拿出兩千塊錢，塞在產婦的枕頭底下，噙著眼淚走了。石志遠為了顧念她的健康，特地請了一位褓母，幫助照顧嬰兒和家事。這在當時一個收入微薄的水兵來說，確是大手筆。並不是水兵有虛榮心，而是他對於妻子具有深厚的愛情。

他們結婚不久，便搬到左營半屏山麓租屋居住。翠屏小學在斜對面，即使颳風下雨，她也可以輕鬆到校。石志遠騎自行車到海軍碼頭僅需二十分鐘。吃穿不愁，惟獨租屋居住，過的是游牧民族生活，心中總覺不甚踏實。同時按月付房租，日子似乎過得很快。若是想買下一幢小平房，確非易事。馨兒出世，外婆在醫院曾談及此事，她曾向女兒承諾，若是石志遠決心購屋，她願負擔一半費用。石志遠感激之餘，下了決心：即使一輩子買不起房子，他絕不向岳母要一文錢。

那年夏天，震驚世界的八二三砲戰在金門爆發。石志遠服役的砲艇，半月前便駛往金門海域巡邏，從報紙上看出，長安號也遭受共軍砲火轟擊，不過僅傷亡二人，目前已駛往某基地整修中。徐維萍終日寢食不安，失魂落魄，面容眼看著憔悴下去。不少同事關心地問她是否有病？她只是搖搖頭，嘴角泛出苦笑。白天人事紛擾，不覺什麼，但等夜闌人靜，馨兒熟睡時，她的思潮猶如萬馬奔騰，腦海幾乎要爆裂了。她摸索下床，拉開窗帘，抬頭凝望夜空的繁星，默默低下頭。天啊！保佑志遠平安吧。只要他能活著回來，我一輩子做牛做馬也心甘情願！熱淚從她深陷的眼眶淌下來，她輕聲啜泣了。

每天黃昏放學回家，徐維萍首先急著打開信箱，看看有無丈夫從前線寄來的信，結果總令她失望。她明知道長安號即使拖到船塢修補，他也無法寫信，即使寫了信，它也不能從砲火封鎖的前線寄回台灣。收不到信，她轉身到後街托兒園去接馨兒。馨兒一見她，手舞足蹈，她抱著胖嘟嘟的兒子，滿腹的憂愁頓時化為一股輕煙，隨風而逝。剛走到巷口，她發現一對老夫婦站立家門口，啊！爸來了，媽來了！他倆手上還提著禮物。她熱淚盈眶迎上前去，喊了一聲爸爸、媽媽。她發現年邁的父親垂下了頭，她知道老人家流下悲哀的眼淚……

三年不見，在徐維萍的眼裡，父親突然蒼老多了，兩鬢霜白，眼袋凸顯，腹部也隆起了些。偎近老爸身旁，她勸他要多作運動，不應該整天躲在屋裡看書報。徐天保充耳不聞，如今抱著外孫，已進入忘我的境界。晚飯只燒了一鍋排骨湯，做了米飯，她向街上一家大陸飯館叫了三盤菜：炒牛肉絲、豆瓣魚、家常豆腐。為了讓父親高興，徐維萍從櫃裡拿出一瓶陳年金門高粱酒，她母女倆也陪他喝了一盅。老頭兒酒量不行，八十度的高粱酒下肚，辣得他熱淚縱橫，舌頭也開始打彎兒了。

我一直思索這件事，沒有消息，就是平安。阿萍，從八二三砲戰開始，我一方面看報紙、聽廣播，注意金門海面戰局；同時我心裡犯嘀咕，一聽見摩托車聲音，心就跳！我最怕收到電報或是限時專送信件。你懂嗎？阿萍，沒有消息，就是平安。這盤豆腐燒得不錯。石志遠這孩子，今年快四十了吧？

徐維萍哧地笑了。他屬蛇的，今年三十一。

老頭兒用筷子挾了一點牛肉絲，塡進嘴裡。皺起眉頭問：石志遠出海多久了？

到今天，整整五十三天。

老頭兒啜了一口酒，嘮叨起來；行船駕車三分險。依我看，將來想法調到陸地工作，上班出門，下班回家，彼此也有照顧。唉，吉人天相。沒有消息，就是平安。為了長安號砲艇，你媽一天到晚唸佛燒香，求菩薩保佑他……

飯後，徐維萍沏了一壺上等凍頂烏龍茶。老頭兒讚不絕口。原來女婿對飲茶非常講究，從茶具、茶葉的品質可以看得出來。喝茶，助長精神，老頭兒的話也格外多：他罵維仁腦筋固執，看人家開營造廠發財，而維仁卻墨守成規，一籌莫展；他罵維義一天到晚只打籃球，三十出頭還不想結婚，不知打啥主意；談起兩個孫兒，老頭兒露出笑顏，他誇獎大孫子講演，握緊小拳頭，橫眉瞪眼，咬牙切齒，好像真有那回事兒。他還評論其笨如牛的小孫子，為人忠厚老成，算命的說他長大了有三個太太。

晚上，徐維萍把臥房整理了一下，讓給父母睡，而她卻在客廳臨時擺上一張行軍床，陪同馨兒睡。半夜時分，窗外灑起雨點，滴滴答答，使徐維萍難以入夢。朦朧中，她彷彿聽得窗外有男人喚她。她起身走近窗前一看，原來是石志遠，頭上包著繃帶，身穿灰色醫院病員服，面容憔悴不堪。

你趕快進來吧。

不，我是從醫院偷偷溜出來的。維萍，我想你想得好苦啊。我只想告訴你一句話。

你進屋來說吧。

不，我渾身血腥味。很難聞。

你這是啥話？我咋嫌你身上難聞呢？我是你的親人啊。她幾乎哭了出來。

不，我知道岳父來了，我怕見到他。

他是專程來探聽你消息的。為了你，我父親一直發愁。他非常掛念你。別忘了你是他的女婿……

石志遠低聲啜泣起來。

徐維萍從朦朧間醒來，聽見母親的輕微喚聲：阿萍，你醒醒，你聽，外面好像有人！

誰？她揉開惺忪的眼，果然聽見有人輕按門鈴的聲音，她有些緊張，壁鐘已是凌晨一時五分，莫非是海軍軍區帶來不幸的消息？

老頭兒也咳嗽起來。

徐維萍披上外套，打開客廳的燈，走了出去。她站在院子的木瓜樹下，輕聲問：哪一位？

是我。

志遠？

她做夢似的打開鐵門，那個離家五十三日的水兵，身著藏青色西裝外套，達克龍西褲，推著自行車，後座上繫著旅行包，春風得意走了進來。徐天保站在臥房窗前向外眺望，雨後的月光下，照耀著那個年輕魁偉的水兵，他想起三年多前石志遠到禾寮村，也是這一身打扮，也是這樣神情，只是頸間少繫一條領帶而已。老頭兒笑了。暗想：回頭我送他一套西裝料，這孩子怪可憐的。

徐維萍低聲告訴丈夫：雙親從台南來了。石志遠聽了以後，心口頓時一熱，眼淚不由地叭噠叭噠掉下來。徐維萍瞭解丈夫的心情，快活地說：這是天公有意巧安排，趕快進屋去吧！

石志遠走近臥房，燈光已亮，一對老夫婦正坐在床前。他走上前去，向老人家鞠躬：「爸！媽！委屈您啦。」

屋內籠罩著一派歡騰的氣息。

●

這幾年禾寮村蓋起不少高樓，樓頂上到處豎立著電視天線桿，好像基督教的十字架。而且不少農漁户有了摩托車，甚至四輪小貨車。但是它比過去冷清，原來青年人紛紛離鄉，湧向城市，因為城市有變幻的霓虹燈，有歌廳、舞廳，而且是青年淘金的地方。

徐家的樓房異常寂靜。晌午時分，禾寮村靜得如同寺廟，躺在床上的徐天保，時常聽見海潮湧捲的聲音。他臥病多年，瘦弱不堪，原來醫生診斷是鼻咽癌，但是家人隱瞞病情，卻告訴他是患了肺炎，只要長期休養，總有痊癒之日。

老頭兒對於生死看得淡薄，有時帶著揶揄的口吻，自我解嘲。七十三，八十四，閻王不叫自己去。這是一句古話。我活了七十三年，再不去閻羅王殿報到可真不好意思了。

還早呢。老伴提醒他：赤嵌樓的算命先生說你活到九十五歲。

徐天保從前不相信卜卦算命，但人到暮年，心意疲憊，老眼昏花，尤其去年冬天咯血，元氣大傷，他確是一度想到死的問題。老伴從廟裡求來一串念珠，掛在他脖子上，囑咐他閒來無事，唸阿彌陀佛，唸一遍，撫摩一顆珠子，全串一百零八顆，讓它撫摩了不知多少遍。新年過去，兒女放假回來，圍立他的床前，嬉皮笑臉，吵吵鬧鬧，好像他並非患了嚴重的病，甚至還沒把他看作病人。老頭兒是個敏感的人，心細如絲，他的心逐漸平穩下來。春節，女兒全家趕來為他拜年；而且早在臘月二十三，石志遠特地先來看望岳父，帶來了年禮，也帶來了徐維萍手寫的春聯，這真使老頭兒喜出望外。

舊曆年初二，老頭兒發現女兒眼睛浮腫，好像哭過的樣子。適巧只有她一人坐在床邊，他問：「阿萍，你哭了？」她搖頭。父親追問半天，她才吐露出昨天夜晚夢見石志遠在大海中被鯨魚吃掉，做了惡夢，因而流淚到天明。

哈哈！父親咧嘴巴笑了。笑得淒然。做夢是假的。不要害怕。有時夢到大水是發財，水是財，你這個是吉祥夢，笑都來不及了，為啥哭呢？真傻。

父親笑。女兒嘴上笑，心裡哭泣。她明白，父親的壽命不長了。她時常為此事暗自啜泣。

阿萍，我有一件心事悶在心裡。老頭兒蠟黃的臉，泛出一片紅暈，眼角竟然擠出晶瑩的淚珠。你結婚，我沒參加你婚禮，我對不住你啊。

爸！您提這些話做甚麼？馨兒都快上中學了。女兒這回可真笑了。

爸想開了！大陸人，台灣人，還不都是一家人？老頭兒摸起枕頭旁的紙巾，揩拭眼淚。接著，他瞪大了眼睛，低聲囑咐女兒：「記住，讓馨兒學台灣話。老石也學兩句。若是將來台灣亂起來，記住我的話，領著阿馨和老石回禾寮村。阿萍，你聽清楚了沒有？」

清楚啦。阿萍想哭。

啊，他放心了。徐天保終於闔上了眼睛。他的嘴角不停地搐動，似笑。他說了不少話，現在已經累了。

徐維萍對於父親非常孝順，從老頭兒罹患鼻咽癌，她幾乎每隔半月總回一趟禾寮村。相反地，維仁、維義卻對父親冷淡些。目前他的病情呈膠著狀態，所謂久病無孝子，確有個中道理。維仁的營造廠生意十分興旺，忙得團團轉，為了將來孩子升大學，他們早已搬到台南市住；維義婚後去了台北，只有過春節才回家；甚至連他的老伴兒也常暗自嘆息，這樣拖下去怎麼行？花了幾十年的積蓄，病情不見好轉，將來等他嚥氣的一天，我也陪他一齊走了。長期服侍臥病的丈夫，使她感到疲憊、厭倦，有時她真想吞下一包毒藥，一伸腿，什麼也不聞不問了；像「紅樓夢」裡賈寶玉的願望，將來自己化成一股煙，飄向遙遠的天際。

徐天保近來脾氣暴躁，時常罵他老伴，有時還提起過去的不如意的事，埋怨這，埋怨那，最後把一切錯誤歸罪在老伴身上。最滑稽的是他提起五年前的舊曆年關，他執筆書寫春聯，老伴不小心將墨汁灑在他的手臂上，他當場發起脾氣，罵她糊塗無用；到如今舊事重提，他竟然說寫春聯潑墨是不吉祥的預感，猶如戰士開赴前線時，忽然槍枝走火，這是「壯志未酬身先逝」的徵兆。

你這不是逼我死麼？我從年輕到現在，感冒根本沒當回事，我怎會患了肺病？

這不是你害我是什麼？若是那次寫春聯，你沒把墨汁灑在我手臂上，我怎會得這場怪病？他愈扯愈遠，愈離譜兒。老伴起初低頭嘿嘿直笑，後來忍不住和他抬槓，但卻又抬不過他，只得俯首認罪，接受批判。

母親的隱痛，只有女兒一個人知道。她既無法告訴丈夫，也不能告訴馨兒，更難以講給同事們聽。她只有把這些痛苦埋藏在自己心靈深處，讓它去發酵與搐動。

有一個傍晚，石志遠騎自行車回家，帶回四粒鮮紅的蘋果和兩個櫻桃罐頭。這是多麼珍貴的食物啊。徐維萍趕緊把袋子放進櫃子裡，唯恐馨兒發現。她的這種詭秘的動作，引起石志遠的不滿。

你藏起來做什麼？我帶回來就是給你們吃的。

不行。我們不能吃它。我爸病得這麼厲害，他才應該吃。他若不吃，將來永遠吃不到了。徐維萍說著啜泣起來。

石志遠默默垂下了頭。他想勸慰妻子，卻不知如何說起。一個老同事隨軍艦赴日本橫須賀港修船回來，送給他的。他說最近台中梨山正試種蘋果、水蜜桃，尚未成功。將來若是試種成功，蘋果跟芭樂價錢差不多，到了那一天，誰希罕它？他自言自語，哧哧笑起來。

馨兒背著書包回家，丟了書包，喝了半杯涼開水，就朝外跑。巷口有一群同學等他。他們去運動場打棒球。為了玩棒球，徐維萍罵過他多次，他卻不聽話，因為他是班上的最佳投手。有一次，母親在氣頭上，為此事狠狠揍了他一頓，他哭了！他藉此機會將他的一肚子委屈都抖出來：他曾經參加棒球比賽，為學校得過錦標，許多老師和同學誇獎他。他從未得到母親的鼓勵，反而時常挨罵。此其一。另外，為了想看電視節目，馨兒碰了不少釘子，女同學家他不敢去，男兒同學家都不歡迎他，進門脫鞋，人家嫌他腳臭，有一回竟被趕出門，哭著回家。目前整條巷子十九户人家，只有石馨家和賣豆漿、油條的林伯伯家沒買電視機。馨兒批評他媽「小氣」，連一台黑白電視機也捨不得買。

滾出去！徐維萍吼起來。

石馨頓時噤若寒蟬，躲在牆角，像一隻受傷的小狗，渾身發抖。

咱們連房子都沒有，買電視機幹什麼？你若是嫌我們石家窮，你滾出去，給人家當兒子去吧！

馨兒挨了一頓揍，因而病了兩三天。徐維萍每逢想起這件事，暗自懊悔，一個才不滿十二歲的孩子，他懂得什麼家境困難？有一天，徐維萍向馨兒說，先別打棒球，把功課複習好，等上了中學，一定為你買一台彩色電視機。石馨聽了喜上眉梢，一蹦好高，快活極了！

原來計畫全家利用假日去台南看望外公，順便將蘋果、櫻桃罐頭帶去。誰知石志遠的砲艇參加昆陽演習，官兵不得離開崗位，這是一次規模比較大的陸海軍事演習，月底將在南部海域舉行。石志遠已進入集結地，依照經驗，恐怕最快也得二十日後方可回家。

週末，徐維萍抽空趕緊洗衣、曬被褥、打掃房間，她打算星期日一早出門，免得擠車。石馨趁著這難得的機會，跑到體育場打棒球去了。傍晚，徐維萍洗淨小白菜，切好葱、薑，等馨兒回來再做熗鍋麵。這是跟丈夫學習的北方麵食。天剛黑，石馨灰頭土臉進了家門，渾身臭烘烘的。徐維萍強迫他剝去衣褲，先進浴室洗澡，等到換乾衣服，她才進廚房去做飯。石馨不挑食，啥也吃，飯量不小。他吃麵條，只要桌上放一罐岡山辣椒醬，他能一口氣吃三碗麵。比他媽吃得多。看看兒子吃飯，徐維萍感覺是最愉快的精神享受。

明天早晨跟嗎去台南看阿公，好麼？

石馨連忙點頭。

你上一次沒去，阿公問過你，我說你參加棒球比賽，跟別的小學比賽。

阿公說什麼？

阿公躺在床上直笑。他說阿馨是個好孩子。

石馨想了一下說：明天，我把我們學校棒球隊的照片，拿給阿公看，好麼？我加洗了三張。

照片中有沒有你？

沒有，我洗照片做什麼？一張一塊錢。我又不是阿呆。阿呆加洗了十六張，十六塊。他家有錢，他爸在商船當船長，經常帶回日本蘋果給他吃……

咱家也有日本蘋果。徐維萍說。

真的？石馨頓時瞪大了眼睛。媽，我要吃！

明天去台南，送給阿公吃。

讓我看一看行不行？

經不住馨兒的央求，徐維萍走進臥房，打開櫥櫃，取出那只印有高島屋和富士山景的塑膠袋，拿出四粒鮮紅的蘋果，兩罐櫻桃罐頭。馨兒看得目瞪口呆。

我削一個給你吃吧。母親心軟下來。

我不吃。馨兒堅決地說。

驀然間，門鈴聲混合摩托車聲響起，徐維萍暗自吃驚，莫非是家裡有什麼急事，否則怎會有「限時專送」郵件？她懷著驚惶的心情，走出客廳，從大門信箱內取出一封電報。她的心噗噗直跳。在燈下，她發現電報內譯出的五個漢字：

父病逝速歸

她幾乎癱倒在椅子上，手握著電報稿，不禁啜泣起來。

媽，媽……馨兒抱住母親的胳臂，不停地搖晃著，勸她不要過分悲傷。她用衣角拭去眼淚，慢慢站起來，瞅望壁鐘，七時二十分。她轉頭對兒子說：「走！石馨！趕快穿好衣服，我帶你去台南，馬上動身！

●

禾寮村的海灘，近幾年蓋起不少度假別墅，夏季海面上不少青年划船、衝浪、游泳；冬天別墅前很多中老年人躺在布椅上曬太陽、看書報、談話。隔著窗户欣賞海灘景致，常使她忘卻了老年人的孤獨與寂寞；有時，她發現一對年輕男女摟成麻花在沙灘打滾。這還不算啥，更下流的，太陽尚未墜下海面，有些狗男女就躲在海灘野菠蘿樹後面野合……老太婆急忙拉下窗帘，心噗噗直跳，像褻瀆了神明一樣。

抬起頭，她向牆上掛的徐天保遺像瞅望。徐天保面帶笑容，彷彿對她說：「阿貞，你這麼大年紀，還看那做什麼？你也不怕眼睛裡長爛瘡！」

老頭兒活著的時候，像明末東林黨領袖顧憲成，國事、家事、天下事，任何芝麻大的事兒都放在心上。過年寫春聯，他擔心將來自己握不起毛筆，只有靠女兒阿萍，但是阿萍嫁出去之後，誰會寫春聯呢？但是他卻不瞭解春節前夕，街頭巷尾出售春聯者甚多，根本不成問題。隨著社會風氣的變遷，許多人趁春假期間出國旅行，躲避拜年應酬和鞭炮噪音，因此很多人家不貼春聯。

關於女兒婚事，徐天保最初堅決反對，因為他討厭外省人，他捨不得把自己的獨生女拋到大陸。可到現在卻發生極大的變化。維仁全家移民美國加州，兩個孫子的生活習慣、思想觀念已全部西化，去年春節維仁打電話給母親拜年，兩個孫子順便插話：「嗨！哈囉！」老太婆聽了一肚子氣。幸而徐維萍家住左營，逢年過節回來陪她住兩天，否則她跟住在尼姑庵一樣。

年逾古稀的老太婆，每天面對丈夫的遺像，許多陳年舊事，猶如海潮般從遙遠的海平線，湧向了沙灘……阿貞從小長得標緻，十六歲那年出落得一朵喜粉蓮似的嬌美，不少媒婆到家提親，阿貞一概拒絕，她拖到二十一歲時，遇見禾寮村的徐天保，她的一顆金子般的少女心，被徐天保兩隻勾魂的笑眼勾走了。想起此人，阿貞懷裡像揣了一隻活蹦亂跳的兔子，白天神魂顛倒，晚上失眠。她終於鼓起勇氣將心事告訴了母親，若是這一輩子跟上姓徐的，吃甘薯、喝涼水也心甘情願。

往事回憶起來是那麼遙遠，卻又恍若眼前。咀嚼起逝去的漫長歲月，似苦又甜。最後，老人家淌出了兩行熱淚。若是老頭子還活著，那有多好！

雖說兒女都是她的心頭肉，但在這三個孩子之間，她最偏愛的還是維義。維義長到一歲多還吃奶，嘴噙著左奶，小手抓著右奶，唯恐別人搶去他的飯碗。若是維仁挨近母親。他會拳打腳踢，甚至嚎啕大哭。好容易熬到維義斷了奶，後來進了幼稚園，每天哭著出門，笑著回家，甚至讀到小學二年級，徐維義也是愛哭。母親暗想：「如果我將來嘸了氣，阿義可怎麼辨？那不是哭死為止嗎？」其實母親的憂慮過多，維義上了中學便迷上了籃球，即使星期假日，他也抱著籃球到附近學校打球，若是不天黑下雨，他根本不進家門。

徐維義身高一米七九，濃眉大眼，長得不錯。但是他拖到三十四歲才結婚。對象也是打籃球的，曾經代表台南參加省運會。細高挑兒，黑糊糊的。哪個缺德鬼給她取了個綽號「二條」，麻將中最細長而易摸的一張牌。傳說是這位「二條」採取狠追猛盯戰術，「先上車，後補票」，最後在台南體育館舉行婚禮。結婚那日，徐天保氣得躲到海邊釣魚，派老伴代表出席，她回來也憋了一肚子氣，直到半個月後，老夫婦才談起新媳婦的情況。

長得咋樣？

像唱歌仔戲的小丑旦。臉兒黑，脖子更黑。

她家裡做啥生意？

聽阿義說，她家住在後廟街，賣木炭。

怪不得生了一個黑妞兒。徐天保長吁了一口氣。你看那個女人的肚子，是不是有啦？

別提這檔事，行麼？細長的個子，挺著大肚子，像一隻火雞。我看最少也有四個月身孕了。臉上搽的粉有三寸厚，誰都說她像歌仔戲班的丑旦……丟人啊！她的眼淚不由地奪眶而出了。

維義結婚四個月，做了父親。兩口子抱著剛脱毛的小火雞回禾寮村，給祖父母看。

叫啥名字？

「二條」扯開嗓門搶先說：徐—治—模！

徐志摩？阿公皺起眉頭，不看「二條」、不看孫女，卻翻起白眼珠看天花板。他似乎熟悉這個詩人，長得也是瘦長個子，屬於「二條」之類。曾經追過有夫之婦，叫陸小曼的。後來這徐志摩飛機失事，撞山而亡……阿公壓住內心的惱怒情緒，轉頭質問維義：「志摩二字怎麼寫？」

「二條」又是搶先作答，聲音粗糙，真是歌仔戲班出來的。自治的治，模範的模。女兒的名字是我跟阿義取的。

你會寫詩？

徐天保這才定睛瞅了「二條」一眼，黑瘦的猴兒臉上，還有十幾粒青春痘，長得不算太醜，看起來很滑稽的模樣，逗人喜愛。也許阿義跟她——王八看綠豆，對眼啦。

寫啥詩？哈哈。她的笑聲嚇得懷裡的嬰兒兩手一晃，身子搐動一下。祖母看在眼裡，氣在心頭。她趕緊從兒媳手上接過孫女，瞪了老頭兒一眼：「她是體專畢業的，咋會寫詩？」

我啥也不會寫。阿義清楚。我連書都懶得看。體專完全用混的。

聽了「二條」的話，徐天保氣得血壓猛升，頭痛了四、五日。想起那如煙的往事，彷彿隔了將近一個世紀。老太婆在臥房，默默咀嚼著、回憶著，她的眼淚又淌下來了……

從老頭兒逝世，她幾乎一直過著孤獨的生活。唯一值得安慰的，女兒每月總會來看望她。維仁時常勸她移民美國，而且保證不送她進養老院。維義夫婦在台北縣三峽一所私立中學教書，兩口子也不會理財，到如今仍舊租屋住。早在五年前，維萍便買了國民住宅，包括陽台在內共有三十坪，一家三口住得非常舒服，這是讓她料想不到的事。她住在這棟樓房已有半世紀，每一件家具，物品都有濃厚的感情。雖然維仁早已替她申請移民簽證，美國駐台北辦事處來函催促她前往辦理各項手續，老太婆一笑置之。每天大兒子催問此事，她總以家務繁忙為由，敷衍過去。後來她索性向維仁攤牌：「這件事以後別再提它，提起來我就生氣。我已經活了大半輩子，臨進棺材跑到美國受啥洋罪？你這不是忤逆不孝麼！」

每天清晨，她不到六時便已起床。先煮稀粥，再整理臥房、客廳。早飯是稀粥、花生米、肉鬆、雞蛋。整個上午，她抹桌椅、洗衣服、給觀世音菩薩上香、打掃庭院，她將這些工作做完，又到了做午飯的時間。午飯是米飯、竹筍炒肉片、青菜燒豆腐，偶爾煮一條虱目魚。飯後小睡便刻，坐在樓窗前做針線活、看報、欣賞海景，不知不覺便挨近了黃昏。晚飯最為簡單，稀粥，把剩菜重熱一遍。飯後清洗炊具、碗筷，她便收看電視節目了。

老太婆每晚九時就寢前，通常是兒女向她通電話的時間。她感到自己很幸福而滿足。唯一讓她發愁的是孫女徐治模，身高一米七，又乾又瘦，滿臉雀斑，女人見了躲，男人見了皺眉頭；老祖母曾暗自替孫女求神籤，籤上說這女孩到了四十歲才結婚，命中有三個丈夫。你想，老太婆怎不發愁呢？

徐家的人有一種傳統的性格，即使面臨多少艱辛困難，也無動無衷，毫無沮喪表情，彷彿永遠過著無憂無愁的生活。可是，女兒是母親的心頭肉，女兒的喜怒哀樂情緒，瞞天瞞地，卻瞞不了拉拔她長大的親娘。

端陽節前夕，徐維萍帶了一大包禮物，從左營回禾寮村。一進家門，發現母親正坐在客廳包粽子，她是一位做粽子能手，用手一抓糯米，包起來的粽子都是一兩重。作料有鮮肉、雞蛋、蝦仁、干貝、芝麻、冬菇、花生等，如今吃她包的粽子的兒孫，風流雲散，只剩阿萍一人而已。女婿過去逢年過節都在福建沿海巡弋。砲艇在海峽之間，他難以回來；即使石志遠回來過端陽節，他也不喜歡吃鹹粽子，他專吃豆沙、棗泥餡的甜粽子，你說這個水兵多奇怪？當年岳母心目中的小水兵、「黑卒」，如今退伍成為「榮民」，在家蹲了不到半年，搞得全身是病：頭痛、失眠、心律不整、精神衰弱，最讓人納悶的則是時常流淚，暗自啜泣。徐維萍瞞母親，經不住母親再三盤問，她終於鼻涕一把淚一把講了出來。

一定是中了邪啦。求個神符，燒成灰，叫他喝下去。也許會好。母親嘆息說。

他一定不喝。

攪拌在湯裡，別讓他看見。

這有用嗎？

那你為啥不陪他去醫院看病。

他不去。

母親沈默不語。她包粽子為了過節應景，而且藉此象徵徐家兒孫興旺，生生不息。

女兒有了傷心事，她也泛起了愁腸。自從女兒結婚，轉眼二十多年，卻從未聽到女婿拈花惹草的事。現今苦盡甘來，馨兒從海洋學院航海系畢業，一直在亞洲航線跑船，如今已做了二副，眼看老石就要當阿公的人，莫非他臨老進花叢，在外面惹出桃色糾紛？老太婆愈想愈生氣，最後將心中的話和盤托出，聽得女兒傻了眼。

不會吧？過去石志遠不是這樣的人。阿萍說。

過去沒有結婚的男女，走在一塊還怕別人講閒話；現在五、六十歲老頭子，摟著十七、八歲的姑娘，一點也害臊！變了，時代變了，人心也變了！老人家感慨地說。

徐維萍聽了母親的話，心裡亂糟糟的。好不容易捱到傍晚，她吃了一隻熱粽子，便提了十個粽子返回左營。回家按電鈴，無人應聲，從皮包中找出鑰匙開門，她先沖了冷水浴，換了睡衣，果然快到晚飯時間，石志遠穿著汗衫、短褲，從外面走回家。

燈下，她發現丈夫滿臉酒氣，眼內充滿了血絲，好像剛哭過的樣子。這種反常的現象，更使她疑惑而驚訝。她走近丈夫面前，蹲了下去。你喝酒了？瞧你喝的這個樣子，跟猴屁股一樣。我帶回了媽包的粽子，還熱呼呢。媽特意為你包了兩隻豆沙餡的。她問你今天為啥不一塊去？我說有人約你打麻將，不好意思推辭。我在騙她……

驀地，石志遠咧開大嘴，嚎啕大哭起來！

五十多歲的小老頭，為啥哭聲這樣難聽啊！

徐維萍像哄勸小孩，別哭，別哭，若被人家聽見，人家還以為咱家出事哩。她用紙巾給他拭淚，一面哄他：你為啥哭？你說呀。咱倆是夫妻，你還有心事瞞著我麼？

就算你做錯了事，我也不會跟你離婚啊。

石志遠逐漸停止了啜泣，他從茶几上拿起馨兒剛從海外轉來的信。將近四十年的生離死別悲劇，直到現在才呈現眼前。

文革前夕，石增發以心臟衰竭病逝，終年五十八歲。其妻，石王氏，兩年前患肝硬化病逝，終年七十二歲。他們二老生前並未受苦，唯因思念失蹤的長子時常流淚。

石志超，即志遠二弟。徐州解放後考進白求恩醫學院學習。由於工作勤奮，業務比較熟練，五十年代便升任解放軍某軍醫院內科主治醫師。一九五七年因對醫務工作發表革新意見，被劃成右派，導致精神失常，暗服大量安眠藥片自殺，終年二十四歲。

石志高，即志遠三弟。五十年代末期考入南京大學中文系。畢業後一直在徐州中學作教師。文革時期曾赴蘇北插隊落戶，後與女知青侯慕宜相戀結婚。目前他夫婦同在江蘇響水第一中學教書，已有一子一女，均已結婚。

這封來自江蘇響水的信是志高寫的。他在信上說：「為了早日結束這場悲劇，請你趕快回家團聚。你離家的時候，徐州亂得像沒王的蜂窩。物價高漲，早晨一斤大米五千，晚間就漲到七千。有一次父親囑你去賣銀圓，你卻換回一疊白紙，舊社會是人吃人的社會。父親每提起此事，總會流淚，進而聯想起失蹤多年的你。哥哥，你如今已是五十開外的人，長年飄洋過海，不知身體如何？成家了沒有？目前國內形勢一片大好，吃穿不愁，請你放心。為了讓死去的雙親獲得安息，我想在明年清明節前，為父母修墳，共需人民幣一萬二千元。你是長子，請你量力而為吧！」

一週後，通過石馨服務的海輿航業公司，從新加坡分公司給石志高匯去美鈔三千元，說來也奇怪，自從石志遠接到胞弟的信，他的頭痛、失眠、心律不整、精神衰弱等疑難雜症，既未服藥，也沒喝神符驅邪，竟霍然而癒，這真是讓徐維萍喜出望外。

石志遠時常嘮叨有關故鄉的往事：志超從小就幫助藥店做事，他細心、耐心，忠厚老實，深獲父母喜愛。他穿棉褲總是拖撂半截，走起路來一跩一跩的，像隻母鴨，走幾步，提一提褲子。別瞧他這種窩囊相，女同學還都願意和他接近。

他當了醫生，實在讓我想不到啊！

石志遠講著，徐維萍坐在旁邊聽，她知道講到結尾，他一定又哭起來。

你對中醫有什麼看法？她故意岔開話題，使丈夫擺脫那張凝結著血淚和悲痛的蛛網。

我還是相信那句諺語：「治了病，治不了命。」我父親當年給一個漢奸治傷寒，他服了兩帖藥，病情好轉，誰知道病人貪吃東西，撐破腸子，見了閻王。漢奸趁機敲詐，我們家差一點破產。中國的病，難治得很啊！一個病入膏肓的人，中醫、西醫都沒有用。要不然魯迅為什麼放棄學醫，改行從事文學創作呢？

燈下，徐維萍靜靜聽著。婚後二十餘年，她從來沒聽過丈夫講出如此深奧有味的話。「濟世堂。」石志遠激動地說出這個使他終身難忘的藥店字號。濟世，救助天下窮困的人，易經上有「萬民以濟」這句話。做一名醫生、教師、文學家、軍人和政治家，都應當具備濟世活人的精神，他才受到黎民百姓的景仰和崇拜啊！你冷靜地想一想，維萍，哪一位偉大的政治家心疼過黎民百姓？你說。

還有誰？石志遠逼問下去，聲音激昂而洪亮。

徐維萍默然垂下了頭。

我從十七歲起，當上水兵，一直在台灣海峽巡弋。小砲艇在海峽中是一葉扁舟，飄來盪去三十多年，你知道我心裡想了些啥？你知道誰關懷過我？……我們是姥姥不疼、舅舅不愛的野孩子……他像受了天大的委屈，低聲啜泣起來。

石志遠退休不到一年，鬢髮已見霜白，眼袋凸現，再加上他不修邊幅，鬍鬚數日不刮，如今看起來已像一個小老頭兒。每天，他深躲在書房內，翻翻書刊，整理過去的學習筆記，輕易不說一句話。他像一隻冬季的土撥鼠，深藏在陰暗的地層下。每隔三日，他外出一次，是在破曉時分，夜霧蒼茫，街頭巷尾一片寧靜，他騎著自行車，到半屏山麓批發菜市場買菜。藉此機會他可以舒展一下鬱悶的心胸。

菜市場燈火輝煌，行人擠得水洩不通。走到牛肉攤前，那位胖嘟嘟的女人見了他，驚訝地說：「你是不是石先生？你咋變成這樣子？你退伍了？」石志遠用手捂住鬍鬚，謙卑地笑著。給我切兩斤排骨肉，燉牛肉湯。胖女人隨手抓起一片，放在磅秤上：「兩斤二兩，算兩斤吧。你太太徐老師真好，我們附近的小孩都說她仁慈，從來不打學生……」他付了錢，趕快離去。唯恐肉販女人再跟他囉嗦。

過去三十多年，他曾將青春獻給浩瀚無垠的大海，那間發出淡淡的柴油柒味的艙房，轆轆地機器聲音，搖晃的催人睡眠的航行滋味，以及眼前濛茫的、耀眼的海天一色的海景，伴隨他度過了大半輩子。如今退伍回家，他卻像離開母親的懷抱，走上了茫漠而無情的廣袤的社會，感到寂寞、孤獨。

有時候偶爾照照鏡子，看見自己邋遢樣子，一種帶有委屈而撒嬌的感情，驟然湧向心頭。我十七歲參加海軍，沒有功勞也有苦勞，現在我退伍在家，誰也不理我了……我像一隻扔進垃圾推的破鞋……他產生一種莫名的仇視社會心理。

有時情緒低落，一連數日他報紙也不看，廣播新聞也不聽，甚至在播報電視新聞，他也故意躲在書房，不到客廳瞄一眼。徐維萍勸他去外面走動，年近六旬，連噴射客機也沒坐過，從未離開過台灣，她勸他參加海外旅行團，到東南亞各地跑一圈兒。他不聽勸告。並非他捨不得花錢，而是不願和外界的人接觸。

每次選舉，街頭巷尾鑼鼓喧天，鞭炮齊鳴，候選人到處拜託拉票，整個城市猶如沸騰的牛肉湯鍋，只有石志遠躲在書房，戴著老花眼鏡修理舊收音機，好似他是另外一個星球的人。不用問，別人都排隊去投票，他卻一個躺在床上睡覺。

投票，我投個屁的票！我在家蹲了快一年，誰給我打過一個電話？誰問過我血壓最近正常了麼？

你說這種話，實在沒有道理。每一個人都有退伍的時候，為啥人家心理平衡，繼續創造第二春，你卻一天到晚怨天尤人，躲在屋裡發牢騷？

徐維萍的勸告，他無動於衷。有時徐維萍氣得賭氣回台南娘家，向母親哭訴。但這有什麼用？清官難斷家務事，何況丈夫並非吃喝嫖賭，不顧家庭，而且他也沒犯什麼過錯，這是讓任何人也難以解決的事啊！

過去，凡是在海軍四〇五七部隊待過的官兵，幾乎無人不知道石志遠。他的專業技術好、文藝素質高，又是艦隊籃球運動員，他在球場風靡了不少青年男女。這些光彩的事蹟連也的妻子也不知道。

不少水兵為他抱不平，憑石志遠的本領，最少也得當上尉副長，可是他沒有文憑，即使有登陸月球的本事，這一輩子也難以做官。

石志遠不在乎這些，卻在乎他的血壓極不正常，這是臨退伍前發生的症候，頭暈目眩，有時收縮壓超過二百毫米汞柱，舒張壓也在一百二十毫米汞柱，但有時卻恢復正常狀況，根本用不著服藥。等他退伍後，由於心事浩茫，血壓問題便逐漸淡忘了……

那夜，茱迪颱風呼嘯而過，吹得窗外樹枝東倒西歪，飛磚走石。暴雨一忽兒緊，一忽兒稀，電流切斷，大地黑暗一片。臥房內既有颱風，還發生五級地震，被褥狼藉，枕頭墜地，兩隻赤裸的青蛙，正蜷臥在床上喘息……

風靜雨歇，石志遠俯在妻子耳邊說：「維萍，我想回大陸，你看有沒有關係？」

「你去了還回來不回來？」

「當然回來。我捨得下台灣，也捨不下你；再說，我也捨不下台灣。」

窗外的颱風，愈吹愈緊，顯然是颱風眼掠過夜空，只要它過去，風便逐漸靜息，雨可能會延遲數日才能停止。徐維萍抱緊了丈夫，生怕他驟然離去似的。結婚已二十多年，她感到只有今夜最甜蜜，而且急迫地需要丈夫在自己身邊。即使海枯石爛，也永不分離。如今丈夫突然提出想去大陸的事，她怎捨得他走呢？

你真的想回去看看？

想啊，想了三十多年了。

那你就去吧。最好從香港轉回去，比較方便。

石志遠聽了妻子的話，哭了。這哭宛如茱迪颱風，來得快，走得也快。三日後，雨過天青，他彷彿煥發了青春。每天早晨，渾身打扮得整齊，新刮淨的鬍子，還搽了芬香的鬍子水，像出門跟女朋友約會。他騎自行車先到左營南站，將車子寄存起來，再搭公車去高雄辦理各項出國手續。他邊想邊笑，台灣到香港，香港到徐州，都是炎黃子孫聚居之地，這算啥出國？若是鄭成功、林則徐等先輩們地下有靈，他們一定啼笑皆非。經過再三奔走，他探聽到比較安全節省的走法，先搭飛機到香港，然後在當地辦理進大陸手續，只要言行謹慎，不攜帶違禁物品，來去並無任何麻煩。

半月後，石志遠終於成行。徐維萍千囑咐、萬囑咐，勸他路上小心飲食，到了那邊講話要格外留意，最好別議論國家大事。她像對待小學生一樣，囉哩囉嗦，沒完沒了。出門帶走的箱子，一星期前便已準備妥當，臨行前，徐維萍又塞進一包衛生紙、兩件短褲、一件圍巾，還有一瓶降血壓的「血安片」。

為了丈夫出遠門，徐維萍送他到機場。臨別，石志遠咧著嘴巴直笑，連牙齦都暴露出來，真醜。等他那魁偉的身影消失之後，徐維萍的眼淚奪眶而出了。

幸虧徐維萍尚未退休，白天在學校忙碌，但等黃昏下課回家，她想起悄悄回大陸探親的丈夫，心裡就像塞了一堆潮濕的柴禾。別提那種難受的滋味了。晚上，她沖了一碗速食麵，朝嘴中潑拉兩口，也不覺餓，索性扔下筷子，關上房門睡覺。她懊悔不應該讓丈夫回大陸，若是萬一發生任何危險，那豈不成為終身憾事？

趁著星期假日，她一早去了台南，剛進娘家門，她就忍不住啜泣起來，母親嚇得問長問短，等她知道女婿去了大陸，心中便像石頭落了地。讓他去是對的。離家三十多年，怎麼不想呢？若是你離開禾寮村三十多年，你想不想呢？老石這個人可憐，十七歲跑出來，在海上飄蕩了半輩子，退伍也不過是海軍上士，連個准尉也沒混上，他也夠窩囊的。阿馨最近寫信回來沒有？三十一了，應該結婚了，你們不急，我卻急得要命……老人家嘮叨半天，見女兒心情好轉，才站起來走近供桌前，拿出「小火雞」的結婚照，你看，這個男的也是打球的，高雄人，比阿模還瘦，你看這咋像三十五呀？

徐維萍擦乾眼淚，拿起徐治模的結婚照一看，笑了！半晌，她默默地自語，年齡沒啥關係，只要兩人有感情就行。

石志遠走了將近半年，消息杳然。急得徐維萍像熱鍋上的螞蟻，每日吃不下，睡不寧，工作也無法集中精神，眼看面容憔悴下去。當年的大美人，如今竟然變成老太婆了。

臨行，石志遠講妥，最長也不過停留一月，現在石家只剩下石志高住在蘇北晌水縣城，其他親屬均已過世。他計畫先到徐州看看「濟世堂」故址，順便參觀雲龍山的近貌，然後再坐汽車直駛晌水。他曾向妻子說：「我這次回去。唯一的心願是跪在父母墳前大哭一場。我有啥心情遊山玩水，說不定不到半月我就回來了。」

是啊，為啥走了快半年時間，卻杳如黃鶴呢？

過去石志高的信，都是寄到「海輿航業公司新加坡分公司」，再轉到石馨服務的貨輪；恰巧海輿公司最近運務繁忙，臨時派遣石馨服務的貨輪從雅加達裝載木材駛往美國東岸波士頓港，若是這樣拖延下去，恐怕再過兩個月也收不到石志高的信件。

徐維萍急得欲哭無淚，怎麼辦？誰也想不出妥當的辦法。因為海峽兩岸依然既不能通信，更不能通電話、電報，否則將會引起政治上麻煩。

是不是他從前結過婚，或是遇到過去的情人，如今久別重逢，備感親熱，因此石志遠樂不思蜀了……徐維萍最後想到這個問題，愈想愈沉不住氣，她跑去台南和母親哭訴，母親搖頭堅決地說：「不可能的。你這是編小說。阿萍，你為啥不想到他病倒在大陸，一時難以動身回來呢？」

我國有一句俗諺：不聽老人言，吃虧在眼前。黑格爾認為，在老年時期，各種生活旨趣固然還存在，但是已沒有青年時期的那種強烈情欲的驅遣力。老年人的生活旨趣彷彿像一種鏡花水月，比較容易發展成為藝術所要求的那種著眼於認識的態度。

不要急，也不要胡思亂想。母親安慰五十出頭的女兒。老石離家三十多年，回去待上一年半載有啥關係？阿馨若是早結婚，你已經做了祖母；即使往壞處想，老石走了，你也得活下去啊！老石早早晚晚要離開你的啊！

母親的話，果然使徐維萍冷靜下來，回了左營不久，阿馨提著旅行袋，僕僕風塵返回家門。他熱淚盈眶，默默將旅行袋拉鍊拉起，雙手捧起一隻盛放骨灰的木盒，擺在桌前，跪了下去……

這是——

爸爸。

他怎麼死的？

哭得過分傷心，血壓猛升二百三十毫米，當場昏迷過去，搶救已來不及了……爸爸走得很安詳，臉上似乎還有笑容……媽，您不要難過，老爸活到五十九歲，也算高壽了……三叔、三嬸，鄉親父老、地方幹部，為了老爸，都盡了力。

徐維萍雙手捧起骨灰盒，親吻著自己憔悴的臉頰，然後輕輕放回桌上，嘴裡不停地嘮叨，媽說得對，他早早晚晚要離開我的；可是他為啥死在大陸，卻沒有死在我身邊，這真讓我懊惱一輩子啊！

徐維萍變了。認識她的人都這樣說。她時常一個人坐在窗前發呆，淚眼朦朧，嘴裡哼出非常淒涼的歌曲。

不久，石馨替母親辦了退休手續，從此她過起寧靜的退休生活。翌年，石馨為了照顧母親，調離貨輪，派到台北館前路海與航業公司服務。石馨事母至孝，曾勸她搬到台北，但她捨不得離開左營，而且可以時常去禾寮村走動，她討厭台北人擠人、人吃人的社會。

外祖母是在馨兒結婚那年以心臟衰竭病逝。維仁夫婦從洛杉磯趕回台南奔喪，維義夫婦帶了女兒治模，也從台北趕到故鄉，他們看見維萍滿鬢霜白，神志恍惚，內心非常難過。維萍向他們宣布自己的願望：她要在澎湖西嶼鄉內垵村的媽祖廟後面，買一塊地，蓋一棟兩層樓的房屋，安度晚年。

你在澎湖蓋房子做啥，人生地不熟的。大哥提出反對意見。

那你移民去美國去做甚麼？維萍白了他一眼，噙著晶瑩的淚花說：我結婚的時候，爸堅決反對，他說石志遠是大陸人，當兵的。她走近供台，仰起了頭，朝著掛在壁上的兩幅水墨畫像拜了拜。我們徐家的祖宗，不就是鄭成功麾下的伍卒，從福建泉州來台灣的？

阿萍，過去的事，還提它做什麼？咱們都也老了。維義低著頭說。

這話不說清楚不行，爸活著的時候，他最疼愛我，我也孝敬他。我和老石結婚，爸要跟我斷絕父女關係，我結婚以後不敢進禾寮村，後來我是抱著阿馨才踏進娘家門的。

驀地，躲在牆角的石馨，嚎啕大哭起來。

兩個舅舅慌忙地去安慰外甥。這時，徐維萍從沙發上站起來，激昂地說：阿馨，你聽著！三十多年的心事，今天我索性把它抖出來；你爸是澎湖西嶼鄉內垵村人。他的祖父洪掛，清光緒二年降生在媽祖廟後一間破房子裡，他身材魁梧，一身是膽，人窮志不窮，十八歲投軍，駐防內垵村山坡的堡壘裡。誰料想洪掛參軍第二年，發生甲午之戰，後來李鴻章跟日本締結馬關條約，澎湖、台灣割讓日本。洪掛不久也隨清軍到了大陸。

徐維萍用手帕擦了擦眼睛，繼續說下去：

洪掛到了大陸三年，軍隊解編，他流落徐州，在一家中藥舖做事。因為他年輕英俊，為人厚道，不久便和石家女兒墜入情網。洪掛自此入贅石家，改名石掛，生一子，取名增發，此人就是石志遠的父親。

當初徐維萍跟水兵談戀愛的時候，曾經雇了一條舢板，渡海。在西嶼鄉牛心灣靠岸。兩人在內垵村轉悠了半天，並在媽祖廟後開滿野菊的荒地上，喝汽水、啃麵包，打Kiss。這已是三十多年前的事，回憶起來，恍若隔世。

這件屬於水兵的祕史，徐維萍卻守口如瓶，始終沒向外人宣布，包括她兒子在內。有一年中秋節夜晚，水兵偷偷帶了心愛的人，曾在野菊盛開的內垵村山坡上，度過一個纏綿的溫柔的新婚夜；從那個月圓之夜，徐維萍從少女變成了婦人，而石志遠也從小男孩變成捍衛海洋的男子漢。

這些秘史，也許在政治家的心目中，是屬於狗屁倒灶、雞毛蒜皮的事；但它在文學家的心目中，卻是珍貴而真實的民族活動資料。巴爾札克說過：「小說應該是一個民族的祕史。」

內垵村質樸、寧靜，宛似一幅美麗的水墨圖。石家小樓建於野菊綻放的山坡前。徐維萍從早到晚會在小樓附近出現，她晨挑菜，晚澆花，春種花生秋看瓜，過著充滿詩情畫意的生活。她也常臨窗眺望夕陽墜海，鴉雀返巢，一面回味那逝去的甜蜜而纏綿的生活祕史，她滿足地笑了……

外面的變化，她大抵不會知道。歷史記載：從廈門經澎湖到鹿耳門是三百年前的航線，滿載貨品的大小船隻，一年到尾穿梭於海峽之間。從民國三十九年起，台灣海峽開始封鎖，不料到了四十年後的今天，海峽兩岸逐漸恢復往來；那風起雲湧、桅帆千里的壯麗景致，如果讓石志遠見了，他一定喜極而泣啊！